Titanic

Eisiges Schweigen

Roman in Einfacher Sprache

Spaß am Lesen Verlag
www.einfachebuecher.de

Autorin: Marion Döbert

ISBN 978-3-910531-18-5

Marion Döbert

Titanic

Eisiges Schweigen

Roman in Einfacher Sprache

Schwierige Wörter oder Ausdrücke sind unterstrichen. Die Erklärungen stehen in der Wörterliste am Ende des Buches.

Inhalt

Das Pressegespräch

Aufgeregt spricht Bruce Ismay zu den Leuten von der Zeitung:
„Schreiben Sie über diese Sensation, meine Herrschaften! Machen Sie Fotos! Berichten Sie der ganzen Welt von diesem Wunderwerk der Technik! Was Sie hier sehen, wird in die Geschichte Englands eingehen. Als Direktor der Reederei *White Star Line* bin ich stolz und glücklich. Denn wir haben dieses Traumschiff geschaffen. Den größten und schönsten Luxus-Dampfer der Welt."

Bruce Ismay dreht sich um und öffnet seine Arme. Er zeigt auf das Schiff, das vor ihm im Hafen liegt.
„Hier sehen Sie unseren neuesten Ozeanriesen. Unser Schiff der großen Träume: Die *Titanic*!"

Die Reporter von den Zeitungen schreiben seine Worte mit. Die Fotografen versuchen, das riesige Schiff mit ihren Kameras einzufangen. Fast 270 Meter ist es lang. 30 Meter breit. Und 53 Meter hoch.

„So hoch wie ein zehnstöckiges Hochhaus!", ruft Ismay stolz.
„Über 3000 Menschen passen auf das Schiff. Das ist einfach gigantisch! Und absolut sicher. Denn die *Titanic* hat die modernste Technik an Bord.

Wer hier mitfährt, kann die Reise rundum genießen. Das Schiff ist ein einzigartiges, schwimmendes Luxushotel. Überzeugen Sie sich selbst bei unserem Rundgang in wenigen Minuten. Am 10. April 1912 wird die *Titanic* von diesem Hafen hier in Southampton losfahren. Also schon übermorgen. Und am 17. April werden wir unser Ziel in New York erreichen. Ich selbst werde mit an Bord sein. Denn die Jungfernfahrt der *Titanic* wird eine einzigartige Sensation! So luxuriös wurde noch nie der Atlantik überquert."

Vor lauter Begeisterung muss sich Ismay den Schweiß von der Stirn wischen. Ungeduldig hören ihm die Pressevertreter zu. Am liebsten würden sie sofort an Bord gehen. Aber Ismay berichtet weiter: „Unser ehrenwerter Kapitän Edward Smith wird die *Titanic* steuern. Ja, Sie haben richtig gehört: Kapitän Edward Smith, der Lieblingskapitän der Millionäre. Und das darf ich Ihnen schon jetzt verraten: Wir werden vier sehr reiche Millionäre mit an Bord haben. Und Gräfinnen, bezaubernde junge Damen und erfolgreiche Geschäftsleute. Wer will denn auch eine solch sensationelle Reise verpassen? 1300 Passagiere haben die Jungfernfahrt der *Titanic* gebucht: Unter ihnen sind Künstler und Schriftsteller, Eisenbahndirektoren, erstklassige Journalisten, Schauspielerinnen, Bankiers,

weltberühmte Sportler, Modedesigner. Es fahren natürlich auch Menschen mit, die in Amerika auf ein besseres Leben hoffen. Menschen, die nicht so viel Glück im Leben hatten. Natürlich fahren die nicht in der ersten oder zweiten Klasse mit",
lacht Ismay.
„Aber auch in der dritten Klasse kommt man in jedem Fall in New York an."

Die Reporter und Fotografen lachen. Einige wollen Fragen stellen.

„Später!", sagt Ismay.
„Fragen können Sie später an Bord stellen. Übrigens, dies wird die letzte Reise von Kapitän Smith sein. Danach geht er in den wohlverdienten Ruhestand. Aber vorher nimmt er noch alle mit, mit auf das Schiff der großen Träume. Bitte folgen Sie mir nun an Bord!"

Der Rundgang

Bruce Ismay führt die Gruppe der Reporter und Fotografen auf das Schiff. Die Besucher trauen ihren Augen nicht. Eine prächtige Treppe führt zu einem riesigen Saal hinunter. Hier ist das Foyer, die Haupthalle des Schiffes. Eine Glaskuppel von sechs Metern Durchmesser überspannt die Halle. Durch die Kuppel fällt das Licht auf die Marmorböden. Kronleuchter und verzierte Säulen spiegeln sich darin. Wände und Säulen sind mit Blattgold überzogen. Helle Gänge führen zu Kabinen voller Luxus.

Im Restaurant der ersten Klasse stehen Tische in kleinen Gruppen zusammen. Noch vornehmer ist ein zweites Restaurant. Unter Kronleuchtern kann man dort à la carte bestellen: Menüs mit zehn Gängen, mit Austern und Champagner. Die Lämpchen auf den Tischen sind aus feinster rosa Seide.

Ismay führt die Gruppe durch alle Räume: Durch den Rauchersalon mit Ledersesseln. Durch das Pariser Café mit Korbmöbeln und exotischen Pflanzen. Er führt durch die Turnhalle, einen Fitnessraum. Vorbei am Meerwasser-Pool zum Massage-Bereich. Durch die große Bibliothek und einen Schreibsalon. Dann geht es durch einen üppigen Palmengarten.

Ganz unten im Schiff dann Tennisplätze. Danach geht es mit dem Aufzug wieder nach oben. Und oben auf die breiten Decks zum Spazieren und Flanieren.

„Selbstverständlich werden die Passagiere bei uns bestens betreut", sagt Ismay.
„Wir haben Turnlehrer an Bord, Bibliothekare, zwei Ärzte und Krankenschwestern, zwei Priester, sogar einen Schiffspolizisten. Wir haben eine der besten Musikkapellen engagiert. Es wird Konzerte geben und Musik im À-la-Carte-Restaurant. Für Hunde gibt es geräumige Zwinger. Ein Passagier wird sein teures Auto mit nach Amerika nehmen. Natürlich haben wir auch Frisiersalons. Krankenstationen. In der ersten Klasse sogar mit Operationsraum.

Erstklassige Köche und Bäcker gehören zur Besatzung. Natürlich auch das ganze andere Personal: Heizer, Matrosen, Funker, Stewards und Stewardessen, Offiziere. Alles bestens geschulte Leute. 900 Besatzungsmitglieder fahren mit. Und alle sind für unsere Passagiere da. Sogar der Architekt der *Titanic* wird mit an Bord sein: Thomas Andrews. Was für eine aufregende Fahrt für ihn. Denn sein Traumschiff ist jetzt Wirklichkeit geworden. So, meine Herrschaften. Gibt es jetzt noch Fragen von Ihrer Seite?"

Ein Reporter meldet sich zu Wort:
„In der ersten und zweiten Klasse ist alles sehr komfortabel. Aber in der dritten Klasse sieht es dann doch etwas anders aus: Lange Tischreihen in einem schmucklosen Speisesaal. Doppelstock-Betten in kleinen Kabinen. Ein Waschbecken für alle in einer Kabine. Keine Blumen, keine Teppiche, nur kaltes Licht."

„Nun ja", sagt Ismay.
„Das hängt natürlich auch davon ab, was man für die Reise bezahlen kann. Es ist schon ein Unterschied, ob Sie 5000 auf den Tisch legen oder 500. Sauber und ordentlich ist es aber in allen Klassen. Es gibt in der Dritten auch keine Schlafsäle mehr, wie sonst auf den anderen Schiffen nach Amerika. Und alle Kabinen haben immerhin Waschbecken. Und die Betten sind mit Bettwäsche ausgestattet. Selbstverständlich gibt es auch in der dritten Klasse Stewards, die sich um alles kümmern. Bedienpersonal für die dritte Klasse? Wo gibt es das sonst? Außerdem gibt es auch dort dreimal am Tag eine Mahlzeit und Getränke. Nicht wie auf den anderen Schiffen. Dort müssen sich die Passagiere das Essen selbst mitbringen. Die dritte Klasse hat selbstverständlich auch ein eigenes Promenadendeck. Natürlich ist alles etwas bescheidener."

„Die Passagiere aus der dritten Klasse dürfen nicht nach oben gehen?“, fragt ein Fotograf.
„Leider ist das verboten“, antwortet Ismay.
„Die amerikanische Einwanderungsbehörde hat ihre Vorschriften. Eine davon heißt: Keine Krankheiten mit ins Land bringen! Deshalb müssen wir die Passagiere trennen. Ansteckende Krankheiten sollen sich auf keinen Fall ausbreiten. Würden alle Passagiere zusammenkommen, könnten wir das nicht mehr kontrollieren. Deshalb sind die Zugänge von der dritten Klasse nach oben meistens zu.“

Ein anderer Reporter meldet sich:
„Wenn ich richtig gerechnet habe, gehen übermorgen 1300 Passagiere an Bord. Dazu kommen 900 Besatzungsmitglieder. Macht zusammen 2200 Personen?“
„Richtig“, antwortet Ismay.

Der Reporter fragt weiter:
„Für 2200 Personen gibt es nur 20 Rettungsboote?“
Alle sehen erwartungsvoll zu Ismay.
„Das entspricht voll und ganz den Vorschriften“, sagt Ismay. „Außerdem ist das Schiff ein Wunderwerk der Technik. Eigentlich bräuchten wir kein einziges Rettungsboot. Sonst würde ich ja auch nicht mitfahren.“

Ismay lacht laut und verabschiedet seine Besucher. Beim Weggehen sagt ein Reporter zu seinem Kollegen:
„Wusstest du, dass sie die *Titanic* nicht getauft haben?“
„Was?“, fragt der Kollege entsetzt.
„Nein. Es gab keine Rede, keine guten Wünsche, keine Sektflasche. Die Reederei meint, eine Taufe wäre nur Aberglaube.“

Der Kollege schüttelt ungläubig den Kopf.
„Seitdem die Menschen auf der Welt sind, taufen sie doch ihre Schiffe. Damit es kein Unglück gibt.“

An Bord!

„Jetzt rempelt doch nicht so!“, ruft John. „Wir kommen schon noch alle an Bord.“

„Du hast gut reden“, sagt eine alte Frau, die sich an ihrem Gepäck festkrallt. „Du bist jung. Du kannst zur Not immer noch auf das Schiff springen. Aber wenn sie ohne mich losfahren, kann ich nicht zu meiner Tochter und zu meinen Enkeln in Amerika. Vier Jahre habe ich gespart, damit ich da hinkomme. Meine zwei Enkel habe ich noch nie gesehen. Und jetzt ist auch noch meine Tochter krank. Sie brauchen meine Hilfe. Ich muss unbedingt mit auf dieses Schiff.“

John versucht, die Alte zu beruhigen. Aber von hinten und von den Seiten her schieben die Leute immer stärker. Jeder hat Angst, dass nur die Reichen mit an Bord kommen. Jeder hat Angst, dass man sie hier stehen lässt. Dass vielleicht das Ticket nicht in Ordnung ist. Dass man abgewiesen wird. Weil man zu alt ist oder zu jung, zu arm oder zu krank aussieht.

John ruft nach seinem Freund Wil. „Wil! Wil! Wo steckst du denn?“ Irgendwo muss er doch sein.

„Hey. John!"
Wil winkt plötzlich aus der Menge heraus.
„Hast du dein Ticket?", schreit John.
„Ja", ruft Wil. „Nur Hinfahrt! Einmal New York und nie wieder zurück!"
„Yeah!", rufen beide laut und springen in die Luft.

„Ihr wollt nicht wieder zurück?", fragt die alte Frau, die sich als Mrs. Doyle vorstellt.
„No!", lacht John.
„Wir gehen für immer nach Amerika. Wir wandern aus. In Irland und England haben wir keine Zukunft. Keine Arbeit. Kein Geld. Kein Leben."

„Und keine schönen Frauen", lacht Wil.
„So wie die da oben?", fragt John.
Dabei zeigt er auf das Deck der ersten Klasse. Dort oben stehen junge Frauen und winken ihren Angehörigen zu.

„Was für schöne Hüte die tragen", sagt Mrs. Doyle.
„Und dazu Handschuhe aus hellem Leder. Und schaut euch nur an, wie sie winken. Wie Königinnen, die sich von ihrem Volk verabschieden."

Mrs. Doyle dreht sich wieder zu John und Wil.
„Wie alt seid ihr?"
„20", antwortet John.

„21", sagt Wil.
„Habt ihr da drüben Familie?", fragt die Alte.
„Eine Schwester von mir lebt in Amerika", sagt Wil.
„Sie heiratet nächste Woche. Ich habe extra für einen Anzug gespart. Damit ich nach was aussehe."

Gespart? John grinst. Er weiß, dass Wil den Anzug geklaut hat. Wie es genau abgelaufen ist, weiß er nicht. Aber auf einmal war der Anzug da. Bestimmt hat er nicht dafür gespart. Wie denn auch?
Sie mussten ja alles Geld für die Tickets zusammenkratzen. Jahrelang haben sie dafür geschuftet. In Kohleminen und in Steinbrüchen. Als Matrosen an Bord von ärmlichen Fischkuttern. Überall haben sie die letzten Drecksarbeiten gemacht. Das meiste Geld aber haben sie auf dem Schwarzmarkt verdient. Mit Alkohol, Zigaretten, mit geklautem Schmuck.

John und Wil hatten keine Lust auf schmutzige Geschäfte. Gefährlich waren sie obendrein. Manchmal hatten sie eine Pistole im Rücken. Von irgendeinem Kerl, der die Ware haben wollte. Vor der Polizei mussten sie ständig weglaufen. Aber Wil und John hatten keine andere Wahl. Alle in diesem verdammten Irland und England waren arbeitslos oder arm. Jedenfalls alle, die nicht reich waren. Und so hatten die beiden Iren sich auf der Straße kennengelernt. Sie schliefen in Kellern oder in leer stehenden Häusern. Die Mieten für Wohnungen waren zu hoch. Immer war es kalt und feucht und dunkel. Und nachts liefen die Ratten umher.

Wenn sie eine Kerze hatten, las John aus seinen Notizbüchern vor. Gedichte und Geschichten, die er selbst schrieb.

„Du bist ein echter Schriftsteller",
hatte Wil voll Bewunderung gesagt.
„In Amerika schreibst du bestimmt dein erstes Buch. Und dann ganz viele Bücher! Und dann wirst du berühmt. Vielleicht sogar ein Professor.
Hey, Professor John O'Connor!", lachte Wil.

John hatte Wil damals gefragt:
„Und was willst du werden? Da drüben, in Amerika?"

„Natürlich Farmer", hatte Wil geantwortet.
„Ich steige bei meiner Schwester und ihrem Mann ein. Sie brauchen dringend Hilfe auf ihrer Farm.
Sie haben riesig viel Land. So viel Land haben alle Bauern von ganz England nicht. Wenn du morgens mit dem Traktor losfährst, kommst du erst zwei Tage später wieder zurück. Die Felder sind voll mit goldenem Weizen. Und ich wollte schon immer Goldgräber werden."

John sagt zu Mrs. Doyle:
„Ich habe keine Familie drüben. Ich werde mein Glück alleine versuchen. Ich will studieren. Bei uns zu Hause ging das nicht. Der Alte war immer dagegen. Ich war neugierig auf alles in der Schule. Ich hab immer viel gelesen und wahnsinnig gerne gelernt. Aber mein Alter hat mir die Bücher um die Ohren gehauen. Immer hieß es: *Hilf mit auf dem Hof! Von Büchern wird die Familie nicht satt.* Aber von unserem kleinen Hof konnte auch niemand mehr satt werden."

John holt tief Luft. Dann erzählt er weiter:
„Wenn meine Mutter nicht gewesen wäre, hätte ich von der Schule abgehen müssen. Zum Glück hat sie mir geholfen. Aber jetzt will ich weg. In Amerika kann ich gute Arbeit finden. Dann habe ich genug Geld zum Studieren. Sprachen und Literatur will ich studieren. Das ist mein großer Traum für da drüben."

„Los! Los!", schreit einer an der Schiffsbrücke.
„Ihr seid dran. Wo sind eure Tickets?"

John schiebt Mrs. Doyle vor sich her.
„Lassen Sie bitte erst die Dame durch", sagt er.

„Oh, die *Dame*", sagt der Kontrolleur und lacht spöttisch.

„Wie vornehm. Na, dann ab mit euch in die dritte Klasse. Und waschen würde euch auch guttun."

In dem Moment spürt John Wils Wut. Am liebsten würde Wil dem Kontrolleur eins in die Fresse geben. Aber John hält ihn zurück. Bloß keinen Ärger jetzt! Jetzt bloß nichts mehr riskieren!

Auf in die Freiheit!

John und Wil werden in den Bereich der dritten Klasse geschoben. Zwischen Taschen und Rucksäcken und Hunderten von Menschen suchen sie nach ihrer Kabinennummer.

„Hier! Hier ist sie !“, ruft John plötzlich.
In dem ganzen Durcheinander ist Wil kaum zu sehen.

Die Kabine ist für acht Leute eingerichtet. Vier Doppelstock-Betten zum Schlafen. Ein Waschbecken an der Wand. Toilette auf dem Flur. Alles ist sauber. Und es ist warm. Und es gibt keine Ratten. Jedenfalls ist keine einzige zu sehen.

„Ich schlafe unten“, ruft Wil und wirft sich sofort auf eine der Kojen.

John legt seinen Seesack auf das obere Bett. Dann packt er Wil an den Händen. Mit einem Ruck zieht er ihn hoch. Übermütig tanzt er mit ihm durch die kleine Kabine.

„Wir haben es geschafft, Wil! Verdammt, wir haben es geschafft! Wir sind auf der *Titanic*. Wir sind frei, frei, frei!“

Nach und nach kommen auch andere in die Kabine: Ein Mann stellt sich als Carl Andersson aus Schweden vor.
„Das sind meine beiden Söhne", sagt er und zeigt auf zwei große Kerle neben sich.
„Lars, 16 Jahre, und Knut, bald 18. Meine Frau Emilie ist mit den Kleinen in einer anderen Kabine untergebracht. Wir haben noch Zwillinge, Hans und Hanna. Sechs Jahre sind sie alt und unzertrennlich. Und wir haben ein ganz kleines Baby. Felix heißt der Kleine. Felix bedeutet der Glückliche. Und Glück, das brauchen wir auf jeden Fall. Ihr sicher auch."

Wil und John nicken und stellen sich ebenfalls vor.
„Alle hier in der Dritten brauchen Glück", sagt John.
„Alle träumen doch von einem besseren Leben da drüben. In Amerika soll alles möglich sein. Gute Arbeit. Gutes Geld. Gute Schulen. Man kann dort richtig was werden."

„Sogar Millionär", grinst Wil.
„So wie die da oben in der Ersten. Habt ihr die gesehen? Einer von denen hat sein nagelneues Auto mit an Bord genommen. Eine Schauspielerin hat teure Hunde mit dabei. Ein Deutscher hat Parfum im Tresor. Er hat neue Düfte entwickelt und die Proben davon eingeschlossen. Die will er in Amerika auf den Markt bringen. Er will wahrscheinlich viel

Geld damit verdienen. Die Matrosen haben sich darüber unterhalten."

„Mir reicht schon eine feste Arbeit", sagt Vater Carl. Ich kann als Arbeiter in einer Fabrik anfangen. Den Vertrag aus Massachusetts habe ich schon in der Tasche. Endlich kann ich meine Familie ordentlich ernähren."

In dem Moment kommen noch drei Männer in die Kabine. Um die 40 Jahre sind sie alt. So wie Vater Carl. Sie nicken den anderen kurz zu. Dann unterhalten sie sich leise weiter.

„Weißt du, welche Sprache die sprechen?", fragt Wil. John schüttelt den Kopf.
„Keine Ahnung, woher die sind. Vielleicht Deutsche, oder von noch weiter weg? Viel Gepäck haben sie jedenfalls nicht. Sicher irgendwelche armen Schlucker. Die haben bestimmt ihr halbes Leben auf das Ticket gespart. Komm, Wil, lass uns nach draußen gehen! Die *Titanic* legt gleich ab.
Das dürfen wir uns auf keinen Fall entgehen lassen!"

Der Schmuckanhänger

Am Hafenkai stehen Hunderte von Menschen. Sie winken, schreien. Sie schwenken Taschentücher zum Abschied. Sie weinen, rufen letzte Worte:
„Vergiss nicht zu schreiben!“
„Bleib gesund!“
„Gute Reise!“
„Viel Glück in Amerika!“
Und manche rufen auch: „Komm bald wieder!“

„Was für ein Abschied“, sagt John.
„Guck dir mal die riesige Menschenmenge an. Für manche ist das hier ein Abschied für immer.“
„Yeah!, ruft Wil. „Endlich geht es los!“

John schreibt in sein Notizbuch:
10. April 1912:
Mit lautem Tuten und rauchenden Schornsteinen verlässt die Titanic den Hafen von Southampton. Die Bordkapelle spielt zum Abschied. Man kann sie kaum hören. So laut rufen die Menschen, auf dem Schiff und an Land, an der Hafenmole. Jetzt fahren wir noch zwei Häfen an.
Heute: Zwischenhalt in Cherbourg in Frankreich.
Abfahrt von Cherbourg, heute um 20 Uhr.
Morgen: Zwischenhalt in Queenstown in Irland.
Abfahrt ab Queenstown am 11. April, mittags.

Und dann wird nur noch der weite Ozean vor uns liegen.

Die meiste Zeit verbringen John und Wil draußen an Deck. Wenn John schreibt, spielt Wil mit Lars und Knut Karten. Oder er legt sich neben John auf den Boden und spielt Mundharmonika. Oder er singt irische Seemannslieder.

Der Ozean sieht aus wie ein blaues weiches Tuch. Seit Queenstown weht kein Lüftchen. Die Maschinen der *Titanic* stampfen gleichmäßig. Der Rauch aus den Schornsteinen bildet die einzigen Wolken am Himmel.

„Was ist das denn?“, fragt John plötzlich.
„Hier ist was auf meinem Notizbuch gelandet.“

Mit zwei Fingern greift er nach etwas und hält es Wil vor die Nase.
„Wow!“, sagt der. „Sieht ziemlich echt aus. Ich als erfahrener Goldgräber tippe mal auf Diamant. Eingefasst in Gold. Schönes Herzchen hast du da geangelt.“

John sieht sich den Fund genauer an. Ein Schmuckanhänger aus Gold in Form eines Herzens. Darin blinkt und glitzert ein geschliffener Edelstein.

„Ein blauer Diamant", sagt Wil.
„Kannste Gift drauf nehmen. Ich hab ein Auge für so was. Den hat dir wohl der Himmel geschickt."

John sieht nach oben in den Himmel. Dort sieht er eine Hand. Eine Hand in einem weißen Lederhandschuh. Sie winkt aufgeregt. Jemand beugt sich nach unten über das Geländer. Und ruft: „Das ist meiner! Mein Anhänger! Er hat sich von der Kette gelöst. Gott sei Dank ist er nicht verloren. Warten Sie, ich komme sofort runter."

Wil grinst über das ganze Gesicht.
„Mal sehen, was zu der Hand gehört. Dein Schwein möchte ich mal haben."

John pfeift vor sich hin. Bis sie schließlich vor ihm steht.

Die Einladung

„Mein Gott, bin ich aufgeregt“, sagt eine junge Frau. Fast noch ein Mädchen ist sie, noch keine 20.

„Der Stein ist so wertvoll. Ich habe ihn von meiner Großmutter. Ein altes Erbstück. Entschuldigung, Lilian Lacey ist mein Name. Ich bin Ihnen so dankbar, dass Sie den Anhänger aufgefangen haben.“

„Er ist zwischen den Gedichten gelandet“, sagt Wil. „Ich heiße übrigens Wil. Und das hier ist Professor John O'Connor.“

John tritt ihm gegen das Schienbein. Er lächelt Lilian Lacey an.
„John ist mein Name. Ohne Professor.“
Lilian sieht auf sein Notizbuch.
„Oh, Sie schreiben Gedichte, Mr. O'Connor?“

„Geschichten auch“, sagt Wil so stolz, als würde er sie selbst schreiben.
„Sozusagen ganze Bücher schreibt der.“
John grinst und stößt Wil in die Seite.
„Ganz so weit ist es noch nicht“, sagt John.
„Aber ich will Sprachen und Literatur studieren. Da drüben, in Amerika.“

Sein Blick geht über den weiten Ozean. Fasziniert schaut er dann in Lilians blaue Augen und sagt: „Ihre Augen sind genauso blau wie das Meer."

„Ich geh mal besser Karten spielen", sagt Wil. „Vergiss nicht, ihr das Herz zu geben."
Lilian wird rot.
„Ich bin Ihnen wirklich sehr dankbar, Mr. O'Connor. Dürfte ich Sie für heute Abend zum Dinner einladen? Ich würde zwei Plätze für uns reservieren lassen. Im À-la-carte-Restaurant. Ich möchte Ihnen damit meine Dankbarkeit zeigen."

Jetzt wird John rot. Von einem Ohr bis zum anderen. „Nur, wenn wir du zueinander sagen", sagt er. „Wir sind ja fast gleichaltrig."

Lilian ist überrascht. In ihren vornehmen Kreisen duzt man sich nicht so schnell. Man legt Wert auf Distanz. Aber dann lacht sie. Ein bisschen befreit fühlt sie sich, als sie lacht. Hier draußen im sanften Fahrtwind. Hier draußen, bei diesem John mit den wunderbar dunklen Augen.

„Geht in Ordnung", lacht sie und dreht sich um.
„Dann bis um acht", ruft sie und winkt.
„Vergessen Sie Ihr Herz nicht", ruft John.

„Ähm, dein Herz."
Er läuft ihr hinterher und lässt das Herz in Lilians warme Hände gleiten.

„Wehe, du machst auch nur einen einzigen Flecken auf den Anzug!", warnt Wil in der Kabine.
„Der muss tipptopp aussehen, für die Hochzeit von meiner Schwester."

„Ja, ja", versucht John ihn zu beruhigen.
„Und sauf nicht so viel Champagner!", sagt Wil.
„In der ersten Klasse trinkt man nicht so schnell wie wir. Ist schließlich kein Guinness. Bei Champagner nippt man nur am Glas. Reiß dich bloß zusammen! Wenn du lallst, kannst du das Mädel sowieso abhaken."

„Ich werd schon nicht zu viel trinken", verspricht John.
„Und iss nicht zu schnell!", rät ihm Wil.
„Bei den Vornehmen musst du das Besteck zwischendurch hinlegen. Immer nur kleine Bissen nehmen. Musst alles langsam kauen und bloß nicht dabei sprechen."

„Ist ja schon gut", sagt John.
Zufrieden sieht er in den Spiegel.
Mit Spucke streicht er sich noch die Haare glatt.

Dann steckt er das Notizbuch ein und macht sich auf den Weg.

„Und knutsch nicht sofort rum!“,
ruft ihm Wil noch hinterher.

John winkt ihm lachend zu. Und schon ist er auf der Treppe nach oben.

Misstrauisch hält ihn ein Steward an.
„Hier dürfen Sie nicht lang!“, sagt er.
„Ich müsste aber hier lang“, antwortet John.
„Geht nicht!“, sagt der Steward.
„Muss aber gehen“, sagt John und hält ihm die Visitenkarte von Lilian unter die Nase.
„Miss Lilian Lacey hat mich persönlich zum Dinner eingeladen.“

„Oh“, sagt der Steward und liest das Kärtchen.
„Sie haben eine Einladung von der Nichte
der berühmtesten Gräfin an Bord.“
„Sag ich doch“, sagt John.
„Führen Sie mich jetzt bitte nach oben.“

Das Dinner

„Das hättet ihr sehen müssen“, sagt John und lässt sich auf sein Bett fallen.
„Zieh erst den Anzug aus!“, fordert Wil.
„Erzähl schon!“, betteln Lars, Knut und Vater Carl.
„Jetzt mach es nicht so spannend!“, sagt auch Wil.

„Also“, beginnt John.
„Alles da oben ist voll mit Marmor, Gold und teuren Bildern. Zum Essen spielt eine achtköpfige Kapelle. Teures Porzellan und Kerzen stehen auf den Tischen. Die Frauen sind mit Schmuck behangen wie Weihnachtsbäume.“

„Brillis?“, fragt Wil.
„Weiß ich doch nicht“, sagt John.
„Sah jedenfalls alles echt aus. Und stellt euch vor: Einen Tisch neben uns sitzt der Millionär Astor. Der mit den ganzen *Waldorf Astoria* Hotels in Amerika. Und überhaupt: Ich war umringt von Millionären, Adeligen, stinkreichen Unternehmern. Puh, ich kann euch sagen. Ich bin ganz schön ins Schwitzen gekommen.“

„In meinem guten Anzug?“, fragt Wil entsetzt.
„Keine Angst, der stinkt nicht“, lacht John.
„Der duftet höchstens nach teurem Pariser Parfüm.“

„Wieso, hat Lilian schon bei dir auf dem Schoß gesessen?“, fragt Wil neugierig.
„Mal langsam“, sagt John.
„Eins nach dem anderen, wie bei einem Menü. Also erst gab es Austern. Lecker, dieses glibberige Zeug. Leider waren sie schon geöffnet. Sonst hätte ich Lilian das mal mit meinem Taschenmesser vorgemacht. Wie damals, als wir noch auf dem Fischkutter gearbeitet haben. Weißt du noch, Wil?“
Wil nickt. „Erzähl weiter!“

„Die haben ganz schön geglotzt, als der Steward mich zu Lilians Tisch gebracht hat“, sagt John. „Ihre reiche Tante saß auch schon da. Von oben bis unten hat die Gräfin mich gemustert.“

„Wegen dem tollen Anzug“, sagt Wil.
„Von wegen. Die hatten alle Smokings an. Und ich dazwischen mit diesem geklauten Kommunion-Anzug.“
Wil grinst. „Vom Munde abgespart ist der.“

„Jedenfalls gab es riesige Fleischplatten“, sagt John. „Entenfilet, Pasteten, geräucherte Forellen, Seehecht, Hummer. Zu jedem Gang gab es einen eigenen Wein. Und die ganze Zeit natürlich Champagner. Zum Dessert gab es Törtchen, Pralinen oder feinsten Käse.

Natürlich auch Kaffee und teure Schnäpse. Die haben vielleicht gebechert!“

„Und dann?“, fragt Wil neugierig.
„Wie ist es dazu gekommen, dass mein Anzug nach Paris duftet?“

„Die Männer gehen immer nach dem Essen in den Rauchersalon. Dort spielen sie Karten oder Schach, oder sie besprechen ihre Unternehmenserfolge. Der Chef der *White Star Line* war auch mit dabei. Dieser Ismay kann sich natürlich die Hände reiben. Ich hab gehört, wie er zu dem Kapitän gesagt hat: Dann wollen wir mal schön Dampf machen. Wenn wir früher in New York ankommen, ist der Erfolg der *Titanic* noch größer.“

„Umso besser, wenn wir früher ankommen“, sagt Vater Carl. „Ich bin froh, wenn wir wieder Land unter den Füßen haben.“
„Aber Vater“, sagt Lars. „Wir sind doch erst vorgestern aus Southampton ausgelaufen.“
„Trotzdem will ich meine Familie endlich in unserem neuen Zuhause zusammen haben“, sagt Vater Carl.

Wil trommelt ungeduldig mit den Fingern.
„Mensch, John, das mit dem Parfum. Erzähl schon!“

„Hm.“ John denkt kurz nach.
„Lass uns mal nach draußen an Deck gehen.
Ich brauch noch frische Luft.“
Wil grinst. „Ich auch.“

Draußen drehen sich die beiden eine Zigarette.
„Also“, sagt John. „Die Männer sind in den Rauchersalon gegangen. Die Gräfin war todmüde vom Essen. Und Lilian wollte mir unbedingt eins ihrer Lieblingsgedichte zeigen.“

„Lieblingsgedicht? Wo? Etwa in ihrer Kabine?“,
fragt Wil mit offenem Mund.
„Yes!“, antwortet John. „Genau da.“
„Die hat dich mit in ihre Kabine genommen? Waren da nicht Eltern oder so? Oder andere Aufpasser? Man kann so ein junges Geschöpf doch nicht ohne Aufsicht lassen.“

„No!“, sagt John grinsend.
„Die kann machen, was sie will. Ist ja auch schon volljährig. Und sie kann ihr Bedienpersonal rufen oder wegschicken, wie sie will.“

„Und sie hat dir Gedichte gezeigt?“,
fragt Wil ungläubig.
„Ein Gedicht“, sagt John.
„Zu mehr ist sie nicht gekommen.“

„W ..., was heißt das?", fragt Wil aufgeregt.
John erklärt: „Nach ihrem Lieblingsgedicht wollte sie Texte von mir hören."
„Texte?" Wil ist sprachlos.
„Ja, Wil, Texte! Ich hatte das Notizbuch mit."
„Du, du hast ihr was vorgelesen? Etwa im Bett? Oder wo?"
„Wil, ich bitte dich!", lacht John.
„Lilian hat sich wirklich dafür interessiert, was ich schreibe. Und es hat ihr gefallen. In New York kennt sie einen großen Verleger. Sie will mich mit ihm bekannt machen."

„Und warum riecht der Anzug nach Parfum?", fragt Wil noch einmal nach.
„Na ja," stottert John.
„Wir haben nebeneinander gelegen."
„Ah, ja, beim Vorlesen natürlich", sagt Wil.
„Und als Nachtisch", sagt John und strahlt dabei über das ganze Gesicht.

Vorzeichen

Die alte Mrs. Doyle, Familie Andersson und Wil sitzen auf dem Außendeck der dritten Klasse. „Kein Wölkchen am Himmel“, sagt Vater Carl.

„Wären wir ein Segelboot, kämen wir gar nicht von der Stelle“, sagt Mutter Emilie Andersson. Dabei stillt sie den kleinen Felix an ihrer Brust. Die sechsjährigen Zwillinge Hans und Hanna spielen mit einer Puppe. „Seid vorsichtig!“, sagt die Mutter. „Der Kopf ist aus Porzellan. Der kann leicht zerbrechen.“

Die alte Mrs. Doyle strickt an einem Kinderjäckchen. „Für meine Enkel da drüben“, sagt sie und zeigt über den Ozean. „Eins hab ich schon fertig. Das andere morgen. Und übermorgen sind wir schon da. Ich kann es gar nicht glauben. Endlich sehe ich meine Familie wieder.“

„Ja“, sagt Vater Carl. „Die einen fahren wieder nach Hause zurück. Nach einem Urlaub oder nach einer Geschäftsreise in Europa. Die anderen fahren in ein neues Zuhause. Voller Hoffnung auf ein gutes Leben. Und manche fahren nur aus Spaß mit. Um dieses wunderbare Schiff zu erleben. Alle sind irgendwie immer nur unterwegs.“

„Weil es woanders vielleicht besser oder spannender ist“, sagt Emilie.
„Oder, weil man in Ruhe sterben will“, sagt die alte Mrs. Doyle. „Im Kreis der Familie“, fügt sie noch hinzu und weint vor Glück.

Lars und Knut wollen eine rauchen. Sie geben Wil ein Zeichen.
„Wir gehen mal um die Ecke“, sagt Wil und verzieht sich mit den beiden.

„Wo ist eigentlich unser Dichter geblieben?“, fragt Lars. „John ist gar nicht mehr zu sehen.“
Wil räuspert sich und spricht wie auf einer Bühne:
„Verliebte Möwen fliegen im Licht, weg sind sie, man sieht sie nicht. Knutschen hier und knutschen da. Knutschen bis Amerika.“

Lars und Knut verdrehen die Augen.
„Jetzt mal ehrlich, wo steckt der denn?“

„Wenn John nicht mit Lilian zusammen ist, dann sitzt er irgendwo und schreibt“, sagt Wil.
„Mit dem ist nichts mehr anzufangen. Den hat es erwischt. Voll verknallt. Und jetzt schreibt er wie wild. Weil er nächste Woche den Verleger in New York trifft. Lilian hat dem schon in einem Telegramm von John vorgeschwärmt.“

„Glaubst du, die beiden bleiben zusammen?“, fragt Knut. „Da drüben in Amerika?“

„Glaube nicht“, sagt Wil.
„Zu verschieden. John ist dritte, Lilian ist erste Klasse. Das geht nicht zusammen. Die Dritte, die bleibt an dir kleben. Bis ans Lebensende. Da kommste nicht raus. Und da kommste auch nicht rein, in die heiligen Hallen der Reichen.“

Lars bläst den Rauch in die Abendluft.
„Aber hier sitzen wir alle zusammen im selben Boot.“
Knut macht kleine Kringel mit dem Zigarettenqualm.

„Kommt!“, sagt Wil.
„Zeit fürs Abendessen. Da treffen wir sicher auch John. Buchstaben machen schließlich nicht satt.“

Und tatsächlich: John sitzt schon am Tisch und wartet auf die anderen.
„Na, Herr Professor“, sagt Wil.
„Schönen Tag gehabt?“
Aber John hat keine Lust auf Späße.
„Was ist los?“, fragt Knut.
„Warum bist du so ernst?“
„Irgendwas liegt in der Luft“, sagt John.
„Das Meer ist so still. Wie ein Tuch ist es, so glatt.“

„Jetzt erzähl uns noch was von einem Leichentuch", spottet Wil. „Guten Appetit, Herr Dichter! Komm mal wieder auf die Erde zurück!"

Aber John schiebt den Teller weg. Lilian geht ihm nicht aus dem Kopf. Heute Abend ist oben wieder ein großes Dinner. Er darf nicht dabei sein. Die Tante war dagegen.

„Zum Glück gibt es keine Schiffsunglücke mehr", sagt Vater Carl.
Wil nickt.
„Jedenfalls nicht mehr so schlimm wie damals mit der *Atlantic*. War das nicht vor 40 Jahren, als die gekentert ist? Über 500 Leute über Bord. Futsch, weg! Ein einziges Kind von allen Kindern hat überlebt. Muss man sich mal vorstellen: als Einziger zu überleben. Nee, das wär nix für mich."

„Welcher Reederei gehörte die *Atlantic*?", fragt Lars.
Wil beißt in sein Brot.
„Der *White Star Line*", sagt er mit vollem Mund.

Eisberg in Sicht

„Psst!“ Lilian legt den Zeigefinger an ihre Lippen.
„Hörst du das, Tante Sarah?“
„Was soll ich hören?“, fragt die Gräfin.
„Na, dass man nichts mehr hört“, sagt Lilian.
„Die Maschinen laufen nicht mehr.“

„Umso besser“, sagt die Gräfin.
„Ohne das Motorengeräusch werde ich viel besser schlafen. Gute Nacht, mein Liebes. Mach, dass du ins Bett kommst. Es ist schon spät.“

„Puh!“, sagt Lilian. „Ich habe so viel gegessen. Ich muss erst noch einmal an die frische Luft.“
„Verkühl dich nicht, Kleines!“, ruft Lilians Tante.
„Und nicht, dass du zu diesem John mit dem unmöglichen Anzug runtergehst.“

Lachend holt Lilian ihren Mantel aus der Kabine. Als sie die Türe schließt, spürt sie plötzlich einen Stoß. Ein kräftiger Stoß gegen das Schiff muss das gewesen sein. So, als hätte es irgendwo angelegt. Als wäre es irgendwo gegen eine Molenwand gestoßen. Für einen Moment ist Lilian durch die leichte Erschütterung ins Wanken geraten. Dann hört sie ein Schleifgeräusch. Ein langgezogenes Schleifen.

Neugierig läuft Lilian zum Promenadendeck. Dort spazieren tatsächlich noch Passagiere umher.
„Eine herrliche Nacht", sagt der junge Mann von einem Pärchen auf Hochzeitsreise.
„Und jetzt sehen wir auch noch einen echten Eisberg", sagt die junge Frau und schmiegt sich in seine Arme.

„Ist etwas passiert?", fragt Lilian einen Steward.
„Nein, nein, keine Sorge, Madame", antwortet er.
„Das war nur der Eisberg da. Aber wir sind schon vorbei. Es geht gleich weiter. Und sehen Sie nur, was die da unten für einen Spaß haben."

Lilian beugt sich über die Reling. Sie schaut auf das Außendeck der dritten Klasse.
„Die machen ja eine Schneeball-Schlacht mit Eis!", ruft Lilian entzückt.

Dicke Brocken von dem Eisberg sind auf das Deck gefallen. Als das Schiff an dem blauen Berg aus Eis entlanggeschrammt ist.
„Gehen Sie lieber wieder rein, Madame",
sagt der Steward.
„Es ist eiskalt, und bald haben wir schon Mitternacht."
„Kann ich nicht runter und mitspielen?",
fragt Lilian lachend.

„Leider nein, Madame. Nachts ist alles abgeschlossen zur dritten Klasse. Da kommt keiner rein und keiner raus."
„Können Sie mir nicht einfach aufschließen?"
„Sorry, Madame, das darf ich nicht. Nachts auf keinen Fall."

„Und es ist wirklich nichts passiert?",
fragt Lilian noch einmal.
„Nein, Madame. Sonst würde es ja Durchsagen geben. Und Sie sehen ja selbst: Das Wasser ist ganz ruhig, und da unten spielen sie mit Eisbrocken und haben ihren Spaß."

Lilian sucht zwischen den Passagieren da unten nach John. Aber John ist nicht zu sehen. Auch Wil nicht. Und auch sonst niemand aus Johns Kabine.

Plötzlich hört Lilian zwei aufgeregte, aber leise Stimmen. Als sie sich umdreht, sieht sie Bruce Ismay. Den Manager der *White Star Line*. Sie sieht, dass er einen anderen Mann mit sich zieht. Thomas Andrew, den Architekten der *Titanic*. Ismay redet heftig auf ihn ein. Lilian kann nur einzelne Wörter heraushören: „Riss" und „Steuerbord" und „Wasser".

Nicht eine Sekunde muss Lilian überlegen. Mit ihrem Vater und Tante Sarah ist sie oft gesegelt.

Steuerbord heißt die rechte Seite vom Schiff in Fahrtrichtung.
Es hat die *Titanic* also doch erwischt!

Schotten dicht!

Die Heizer sehen das Wasser zuerst kommen. Durch einen langen Riss stürzen die Wassermassen in den Heizraum herein.

Einer schreit: „Schotten dicht machen!"
Sofort werden wasserdichte Trennwände ausgefahren. Jetzt heißt es, noch rechtzeitig auf die andere Seite zu kommen. Bevor die Metallwände dicht abschließen. Wer es nicht schafft, der müsste jämmerlich im Heizraum ersaufen.

„Macht schneller!", schreit jemand.
In letzter Sekunde ziehen sie noch einen Heizer durch den schmalen Spalt. Mit einem lauten Rums schließt das Schott dicht.

„Aber das Schott schließt ja gar nicht ganz dicht.
Da oben zur Decke ist ein Stück offen",
sagt ein Heizer.
„Bloß raus hier!", ruft er dann.
„Hier unten steht gleich alles unter Wasser."

Während die Heizer sich in Sicherheit bringen, kommen John und Wil in ihre Kabine zurück.
„Das hat Laune gemacht!"
Sie reiben sich die eiskalten Hände.

„Warum seid ihr nicht mit raus aufs Deck gekommen?“, fragen sie Lars, Knut und Vater Carl. „Das war eine super Eisball-Schlacht da draußen.“

Wil setzt sich auf sein Bett.
„Was ist das denn?“, fragt er plötzlich, als er sich die Schuhe ausziehen will.
„Wasser!“, ruft John.
„Wie kommt denn das verfluchte Wasser hier rein? Und seht mal: Es steigt. Verdammt schnell sogar.“

Lars rennt raus auf den Flur.
„Alles voll Wasser“, ruft er.
„Schon bis über die Knöchel.“
„Nichts wie raus hier!“, ruft Vater Carl.
„Ich hol Emilie und die Kleinen. Macht, dass ihr hier rauskommt!“

John weckt die drei Mitbewohner.
„Wasser! Acqua! Woda!“,
ruft er in allen möglichen Sprachen.
Dabei zeigt er aufgeregt auf den Boden.

In dem Moment machen Stewards ihre Runde.
In der ersten Klasse gehen sie von Kabine zu Kabine.
„Entschuldigen Sie bitte die Störung. Es hat einen kleinen Zwischenfall gegeben“, sagen die Stewards.
„Aber es besteht überhaupt kein Grund zur Sorge.

Die *Titanic* hat nur einen Eisberg berührt. Und wir sind schon wieder daran vorbei. Alles ist überstanden. Wir möchten Sie dennoch bitten: Ziehen Sie sich warme Sachen an. Ziehen Sie sich auch bitte Ihre Schwimmwesten an. Dann kommen Sie bitte auf die Decks. Dort erhalten Sie alle weiteren Informationen. Es gibt keinen Grund zur Beunruhigung."

In der zweiten Klasse schreien die Stewards durch die Gänge: „Alle Mann an Deck! Schwimmwesten anziehen! Alle sofort an Deck!"

In der dritten Klasse rufen sich alle irgendwas zu. Viele haben die englischen Durchsagen der Stewards nicht verstanden. Weil sie kein Englisch sprechen und verstehen können. So wie die drei Mitbewohner. John zeigt auf seine Schwimmweste und mit dem Finger nach oben.

Dann sagt er zu Wil: „Ich muss zu Lilian.
Ich muss wissen, ob es ihr gut geht."
„Du kommst doch gar nicht durch nach oben",
sagt Wil.
„Wer hier unten bleibt, verreckt als Erster!",
schreit ihn John an.
„Und ich will verdammt noch mal leben! Los! Raus hier! Wir müssen den anderen Bescheid sagen.

Nehmt die Frauen und Kinder an die Hände! Ich kümmere mich um Mrs. Doyle. Wir treffen uns alle am Aufgang A."

„Aber wir sollen doch auf die Außendecks hier unten gehen", sagt Lars.
„Bist du verrückt?", sagt John.
„Hier unten an den Außendecks sind doch gar keine Rettungsboote. Die sind alle oben, auf den Promenadendecks der ersten und zweiten Klasse."

„Rettungsboote?", ruft Wil entsetzt und klammert sich an John.
„Lass mich nicht alleine, John! Ich habe furchtbare Angst. Ich kann nicht schwimmen."
„Die Schwimmweste wird dich schon tragen", versucht John ihn zu beruhigen.
„Lass mich jetzt los, Wil! Wir müssen hier erst alle rauskriegen! Wir haben jetzt keine Zeit für Angst."

Auf dem Flur strömt das Wasser schon hoch bis über die Knie. Kinder können sich nicht mehr in den Gängen halten. John drückt den kleinen Hans in Wils Arme, den Zwillingsbruder von Hanna.
Vater Carl trägt Felix, das Baby. Mit der anderen Hand hält er seine Frau Emilie fest. Knut nimmt Hanna auf den Arm. Die Kleine drückt ihre Puppe fest an sich. Ihre Puppe mit dem Kopf aus Porzellan.

In Nachthemden laufen Passagiere auf den Flur.
In Panik rennen sie durch das kalte Wasser.
„Die Schwimmwesten!", schreit John.
„Zieht eure Schwimmwesten an!"

Aber die Angst treibt sie weiter. In die eisige Kälte auf das Außendeck hinaus. Oder weiter zur Treppe. Zu dem Gittertor, das nach oben führt.

„Schließt auf!", schreit Vater Carl die Matrosen an. Von der anderen Seite her bewachen sie das verschlossene Tor.
„Wir dürfen nicht", ruft einer der Matrosen.
„Wir haben keine Anweisung dafür."
„Seid ihr des Teufels?", schreit Wil mit dem kleinen Hans auf dem Arm.
„Wollt ihr uns hier einfach verrecken lassen?"

Plötzlich reißt John den Arm des einen Matrosen durch das Gitter zu sich.
„Gib mir den Schlüssel, du Dreckskerl!", ruft John.
„Oder ich breche dir den Arm in tausend Stücke!"

Das Wasser steigt bis über die Hüften hoch. Mit voller Wucht reißt es ein Mädchen mit sich. Die Mutter schreit. Schwimmt hinterher. Aber beide werden gegen die Wände gedrückt. Niemand kann mehr helfen.

John verdreht den Arm des Matrosen noch enger gegen den Gitterstab. Mit schmerzverzerrtem Gesicht gibt der Matrose ihm den Schlüssel.

„Raus jetzt! Rauf! Rauf!“,
brüllt John, als das Tor geöffnet ist.
Dabei drückt er die alte Mrs. Doyle noch fester an sich.
„Junge, lass mich doch sterben!“, ruft sie.
„Bringt euch selbst in Sicherheit! Ihr seid noch jung.“

Aber John lässt sie nicht los.
„Sie wollen doch Ihre Enkelkinder sehen, oder?“
Die Alte nickt, ohne jede Hoffnung.
„Na also“, sagt John.
„Da oben sehen wir dann weiter. Aber erst mal raus aus dieser Hölle!“

Frauen und Kinder zuerst!

Wie anders geht es oben zu! Die Menschen auf den Decks der ersten und zweiten Klasse sind ganz ruhig. Es sieht aus, als würden sie promenieren. Im Rauchsalon spielen Männer noch Karten.

Sehen sie denn nicht die Matrosen? Wie sie sich an den Rettungsbooten zu schaffen machen? Wie die Matrosen die Boote abdecken und an den Seilen der Kräne befestigen wollen? Sehen sie denn nicht die Leuchtraketen? Gerade wurde eine abgeschossen. Notsignale!

Merken sie nicht, dass die *Titanic* vorne tiefer liegt? Dass sie Schlagseite hat? Dass die Motoren nicht mehr laufen? Haben sie denn nicht bemerkt, dass die Heizer sich in den dunklen Ecken verstecken? Mit ihren Seesäcken sind sie nach hier oben geflohen.

„Die glauben, alles ist in Ordnung", sagt John zu Wil. „Die glauben, das ist nur eine Übung für den Notfall. Von denen hat noch gar keiner mitbekommen, wie es da unten im Schiff aussieht."

„Und hör dir das an", sagt Wil. „Die Kapelle spielt. Die machen tatsächlich noch immer Musik."

„Was machen Sie hier oben?", fragt plötzlich ein Steward. „Sie sind doch aus der Dritten. Sie müssen runter auf Ihr Außendeck."
Die alte Mrs. Doyle fängt an zu weinen.
„Psst, alles gut!" John drückt sie an sich.

„Haste schon mal einen nassen Arsch gehabt?", fragt Wil den Matrosen.
Dabei zeigt er auf seine klatschnasse Hose.
„So sieht das da aus, da unten in der Dritten."

In dem Moment wird dem Steward klar: Man hat auch ihnen nicht die Wahrheit gesagt. Die Stewards sollten nur dafür sorgen, dass alle Passagiere ruhig bleiben. Damit keine Panik ausbricht.

Die Matrosen an den Rettungsbooten fluchen.
Sie wissen nicht, wie die Davits funktionieren.
Die Kräne, mit denen sie die Boote ins Wasser lassen sollen. Sie haben nicht das richtige Werkzeug.
Sie wissen nicht, wie sie die Seile befestigen oder lösen sollen. Ein leeres Rettungsboot stürzt in die Tiefe. Es kentert im schwarzen Ozean.

Plötzlich ruft jemand:
„Frauen und Kinder zuerst in die Boote!"
Und jetzt erst wird allen klar: Dies ist keine Rettungsübung. Dies ist ein Ernstfall.

Die unsinkbare *Titanic* ist in Gefahr! Sie selbst, alle sind in höchster Lebensgefahr!

Und erst jetzt verstehen alle: Sie sollen tatsächlich in diese offenen, kleinen Boote steigen. Boote, die neben der *Titanic* aussehen wie winzige Nussschalen. Sie sollen von den Außendecks aus in die hängenden Boote steigen. Hängende, schwankende Boote, die dann in das schwarze Wasser hinuntergelassen werden. Zwischen Schiffswand und Rettungsboot ist ein klaffender Spalt. Wer daneben tritt, stürzt in das eisige Meer.

Jetzt erst wird ihnen klar: Frauen und Kinder dürfen nur alleine in die Boote. Ohne ihre Ehemänner. Ohne die Väter ihrer Kinder. Ohne die älteren Brüder. Ohne alle diese Männer an Bord!

Alles wird auseinandergerissen. Das ganz normale Leben. Männer dürfen erst in die Boote, wenn Frauen und Kinder mit Plätzen versorgt sind.

Aber die Rettungsboote reichen nicht für alle.

Seeleute vor!

„Auf Wiedersehen, Mrs. Doyle“, ruft John und steckt ihr noch schnell etwas in die Manteltasche. „Vielleicht sehen wir uns eines Tages wieder. Da drüben, in Amerika.“

„Ach, Junge“, sagt die alte Mrs. Doyle. „Ohne dich wäre ich nie in dieses Rettungsboot gekommen. Du bist ein guter Junge. Pass auf dich auf, Gott segne dich!“

Als das Boot ins Wasser runtergelassen wird, greift Mrs. Doyle in ihre Manteltasche. Gerührt entdeckt sie das Babyjäckchen, das John noch eilig aus ihrer Kabine mitgenommen hatte.

„Ach, dieser feine Junge“, murmelt sie vor sich hin. „Was wird nun aus ihm?“

„Die Mutter und das Baby, ja“, entscheidet ein Offizier. Er regelt, wer das Boot besteigen darf. „Die Kleinen auch. Die beiden großen Söhne nicht. Der Ehemann auch nicht!“

Vater Carl sieht seine Frau an. „Wir sehen uns bestimmt wieder, Emilie“, versucht Vater Carl zu beruhigen.

„Ich komme mit Lars und Knut nach. Irgendwann dürfen sicher auch die Männer in die Boote."
„Kommst du nicht mit, Papa?",
fragt Hanna ängstlich.
„Ich will bei Papa bleiben", weint Zwillingsbruder Hans und klammert sich an seinen Vater.
„Pass auf dich auf, Mama!", sagen Lars und Knut und umarmen ihre Mutter.
„Und auf das Baby und die Kleinen."
„Es wird bestimmt alles gut", sagt Emilie, aber ihre Stimme zittert. Sie zittert am ganzen Körper.

Mit kräftigen Griffen wird sie mit dem Baby und den Kleinen in das Boot gehoben. Und sofort wird das Boot nach unten gelassen.
„Es ist doch noch nicht voll!", schreit Emilie auf.
„Hier ist doch noch Platz für ganz viele! Holt das Boot wieder hoch! Es ist Platz! Es ist doch noch Platz!"

Vor Wut und Verzweiflung steht sie auf. Das Boot beginnt zu schwanken.

„Setzen Sie sich sofort wieder hin!", ruft der Bootsführer. „Sie gefährden uns alle."

„Aber die anderen ...", ruft Emilie.
Verzweifelt sackt sie in sich zusammen.

Ein plötzlicher Schlag. Etwas knallt in das Boot. Das Boot schaukelt gefährlich.
„Ein Kind!“, ruft eine Frau im Boot.
„Jemand hat noch ein Kind ins Boot geworfen.“

Verzweifelt schreit eine Frau vom Außendeck der dritten Klasse:
„Bitte kümmern Sie sich um mein Mädchen!
Bitte kümmern Sie sich! Es soll doch leben.“

Emilie zieht das Kind zu sich und ihren Kindern. Das Kind sieht sie mit leeren Augen an. Betäubt von Angst und Schrecken. Zwischen den schreienden Menschen auf der *Titanic* kann Emilie ihren Mann und ihre Söhne nicht mehr sehen.

„Ich kann Lilian nirgends finden“, sagt John atemlos.
„In diesem Chaos kannst du niemanden finden“, sagt Wil.
„Hier geht es fast noch geregelt zu“, sagt John.
„Aber an Steuerbord lassen sie auch Männer in die Rettungsboote. Männer, die sich vordrängeln.“
„Stinksäcke!“, sagt Wil wütend.

„Aber ich kann es verstehen“, sagt John.
„Männer haben doch auch Angst, oder?“
„Trotzdem nimmt man den Frauen und Kindern nicht den Platz weg“, sagt Wil.

In dem Moment knallen Schüsse in die Luft. Ein Offizier hält eine Pistole in der Hand. Wieder und wieder schießt er an der Backbord-Seite. Bis Totenstille herrscht.

„Ich befehle sofortige Ordnung!", ruft er. „Jede Panik ist zu vermeiden! Wer sich nicht an meine Befehle hält, wird umgehend erschossen! Männer dürfen nicht in die Boote! Ich werde jedes einzelne Boot untersuchen. Jeden einzelnen Mann werde ich wieder rausholen. Los, los, jetzt! Helfen Sie allen Frauen und Kindern in die Boote! Vermeiden Sie jede Form von Chaos! Und melden Sie sich, wenn Sie Seeleute sind! Melden Sie sich sofort, wenn Sie ein Boot steuern können! Wir brauchen mehr Leute für die Rettungsboote. Sie sind verpflichtet zu helfen! Seeleute vor!"

„Los!", sagt John zu Wil. „Wir melden uns."
„Bist du verrückt?", sagt Wil erschrocken. „Lass uns hier auf der *Titanic* bleiben. Hier ist es doch viel sicherer als in diesen kleinen Rettungsbooten. Die fahren doch mitten ins Elend hinein. Ins schwarze Nichts. Oder siehst du irgendwo ein Schiff, das zu Hilfe kommt? Die erfrieren doch alle in den Booten. Oder kentern und ersaufen. Lass uns hierbleiben, bis Hilfe von anderen Schiffen kommt.

Die haben hier doch Funk an Bord. Die haben doch längst Hilferufe gefunkt. Und hier haben wir noch Strom, Licht, Wärme. Und sogar Musik. Hörst du die Kapelle? Die lassen sich durch nichts unterkriegen."

„Ich melde mich", sagt John.
„Wir waren auf den Fischkuttern. Die bist du doch auch gefahren. Du kannst doch jetzt nicht feige kneifen."

Wil spürt seine Panik immer mehr. Seine panische Angst, im Wasser zu ertrinken.
„Und was ist mit deiner Lilian? Willst du die hier alleine an Bord zurücklassen? Komm, wir suchen sie zusammen!"

John fühlt sich hin- und hergerissen. Immer wieder versucht er, Lilian in den aufgebrachten Massen zu entdecken. Und da, plötzlich sieht er sie. Und er hört ihre Stimme.
„Ich bin kein Seemann", ruft sie dem Offizier zu.
„Aber ich kann ein Boot steuern. Und meine Tante auch."
Sofort werden die beiden einem Rettungsboot zugeteilt.

John schiebt sich durch das Gedränge.
„Lilian!", schreit er. „Lilian!"

Aber als er bei dem Kran ankommt, ist das Rettungsboot schon abgefiert.
„Lilian!“, schreit er über die Reling hinunter.

Er winkt und schreit. Aber Lilian kann ihn nicht hören. Ihr Boot verschwindet auf dem dunklen Ozean.

Abschied

„Bis nachher, mein Schatz!“
So verabschieden sich einige Frauen von ihren Ehemännern. Sie glauben immer noch, dass sie sich in ein paar Stunden wiedersehen werden.

„Da hinten“, schreit jemand, „da hinten ist ein Licht! Ein Schiff! Bestimmt ist es ein Schiff!“

Alle schauen in die Richtung. Sofort wird die Hoffnung auf Rettung noch stärker.
„Steuern Sie auf das Licht zu!“, wird den Bootsmännern in den Rettungsbooten zugerufen.
„Bringen Sie die Passagiere an Bord des Schiffes dort!
Und kommen Sie dann sofort zurück, um die anderen zu holen!“

„Ich glaube, es ist nur ein Stern“, sagt John leise.
„Ein Schiff würde Signalraketen zünden. Und jetzt komm, Wil! Wir müssen uns melden.“

„Guck mal, die da“, sagt Wil und zeigt auf ein älteres, vornehmes Ehepaar.
„Nehmen Sie meinen Pelzmantel“,
sagt die ältere Dame zu ihrem Dienstmädchen.
„Sie können ihn besser gebrauchen als ich.

Und nun steigen Sie in das Rettungsboot, Mary! Nehmen Sie meinen Platz. Ich bleibe bei meinem Mann. Wir sind über 50 Jahre zusammen. Ich bleibe da, wo er ist. Ich bleibe an seiner Seite, was auch immer geschieht."

Mit Tränen in den Augen bedankt sich das Mädchen. Aufgeregt steigt es in das wackelige Boot. Eingehüllt in den Pelzmantel ihrer Dienstherrin.

John zieht Wil mit sich mit.
„Aye, aye!", sagt John zu dem Offizier.
„Der da heißt Wil. Ich heiße John. Wir sind auf Kuttern gefahren. Wir können Boote steuern."
„Ich nicht wirklich", stottert Wil.
John tritt ihm gegen das Bein.

„Du hilfst beim Fieren der Rettungsboote!", sagt der Offizier zu Wil. Sofort hat er erkannt, dass Wil Angst vorm Wasser hat.
„Und du, John, pack dir das nächste Boot! Beeilt euch!"

John umarmt Wil zum Abschied.
„Halt die Ohren steif!", sagt er und drückt Wil noch fester an sich. Wil zittert am ganzen Körper.
Er drückt John einen kleinen Zettel in die Hand.
„Nimm das hier. Die Adresse von meiner Schwester.

Ich kann sie auswendig. Komm mal auf ein Bier vorbei. Ich zeig dir dann die goldenen Felder. Kannst mir dann deine neuen Gedichte vorlesen."

In dem Moment fängt Wil bitterlich an zu weinen. Wie ein Kind hängt er an Johns Schulter.
„Hey!", sagt John. „Hey!"
Mehr bringt aber auch er nicht raus.

Plötzlich geraten die beiden ins Taumeln.
„Der verdammte Kahn", sagt John.
„Die *Titanic* neigt sich nach vorne. Mach schnell mit dem Fieren! Dass möglichst alle Boote noch ins Wasser kommen. Ich bringe die ersten Leute weg. Und dann komme ich zurück. Ich hol dann noch die anderen. Und dich, Wil. Ich verspreche es dir. Dich hol ich dann auch ab. Machs gut, Goldgräber!"

Wil wischt sich entschlossen über das Gesicht.
„Bis gleich, Professor!"

Der Untergang

Stewards helfen den Passagieren, in die Boote zu steigen. Immer schneller. Immer ungeduldiger. Der Bug der *Titanic* senkt sich immer weiter nach unten. Einige Menschen laufen weiter nach hinten, Richtung Heck. Männer springen in die Rettungsboote. Offiziere drohen, schießen, holen sie wieder raus aus den Booten.

John rudert mit den anderen zusammen so schnell wie möglich. Nur wohin? Weg von der *Titanic*, denkt er. Denn er sieht die Schlagseite, die das Schiff inzwischen hat. Wenn die *Titanic* sinkt, werden sie mit in den Strudel geraten.

Aber was ist mit den anderen? Mit den weit über tausend Menschen, die noch an Bord des Schiffes sind? Menschen stürzen ins Wasser. Sie haben die Rettungsboote beim Runterspringen verpasst. Jemand wirft ihnen Gegenstände zu. Liegestühle, Kisten, Rettungsringe, Tische. Irgendetwas, um sich daran festzuhalten.

Johns Boot ist noch nicht voll. Fast 30 Leute könnten noch Platz finden.
„Wir kehren noch einmal um!“,
ruft er den anderen im Rettungsboot zu.

„Wir können noch Leute aus dem Wasser holen.“
„Nein!“, schreit eine Frau.
„Wenn das Schiff sinkt, zieht es uns mit in die Tiefe.“
„Nein!“, schreit eine andere Frau.
„Wir werden ja doch nur Leichen finden und kostbare Zeit verlieren.“
„Nein!“, schreien auch zwei Männer.
In letzter Sekunde waren sie noch in das Rettungsboot gesprungen.
„Je mehr Leute wir aufnehmen, desto leichter sinkt das Boot. Schwimmer werden sich in ihrer Not an das Boot klammern. Wir werden kentern. Nein, wir kehren nicht um! Auf keinen Fall!“

John sieht auf seine Uhr. Es ist zwei Uhr morgens. Es ist der 15. April 1912, zwei Uhr morgens. Es wird noch lange dauern, bis es hell wird. Und immer noch ist kein rettendes Schiff in Sicht. Lilian, denkt er. Lilian würde umkehren. Diese starke, wunderbare Frau ...

„Stopp!“, schreit John. „Wir wenden! Wir fahren zurück! Wir holen die Leute aus dem Wasser!“

Da steht einer von den beiden Männern auf.
„Wir wenden nicht!“
John stellt sich ihm entgegen. Das Boot schwankt gefährlich hin und her. Der andere Mann richtet

sein Ruder in die Höhe. Mit voller Wucht schlägt er es gegen Johns Beine. John verliert das Gleichgewicht. Er stürzt in das eiskalte dunkle Wasser.

John hört noch ein Knallen. Eine Explosion. Und er sieht, wie sich die *Titanic* fast senkrecht im Wasser hebt. Wie der Bug nach unten sinkt. Wie die Menschen auf den Decks keinen Halt mehr haben. Wie sie rutschen und wie sie versuchen, sich an irgendetwas festzuklammern. Wie sie schreiend in das Wasser stürzen. Wie die Schornsteine abbrechen und auf die schwimmenden Menschen knallen.

Er sieht, wie die *Titanic* sich hebt und senkt. Wie ein sterbendes, schmerzvolles Tier. Und er sieht, wie sie auseinanderbricht. Mit Knallen und Donnern und furchtbarem Getöse. Er sieht, wie der vordere Teil als erster untergeht. Wie die Menschen vom Heck springen, auf dem sie noch Schutz gesucht hatten. Wie die Lichter auf einmal verlöschen. Wie auch der andere Teil immer tiefer versinkt. Und nichts bleibt als Schwärze und Kälte und markerschütternde Schreie.

Gefährliche Rettung

„Nehmen Sie jetzt die Ruder!", befiehlt die Gräfin.
Aber die junge Frau ziert sich.
„Ich kann nicht rudern", sagt sie zitternd.
„Sie müssen", sagt Lilian.
„Sonst werden Sie zu kalt. Wir müssen uns abwechseln, damit alle warm bleiben."

„Ich habe Hunger", jammert ein kleines Mädchen.
„Die haben keinen Proviant in die Boote getan", flüstert Lilian ihrer Tante zu.
„Und keine Laternen, kein Feuer, keine Decken."

Seit über zwei Stunden rudern sie auf dem dunklen Meer. Nur die Sterne am Himmel geben ein wenig Licht.
„Psst! Hör mal!", sagt die Tante plötzlich.
„Da ist doch was hinter uns im Wasser."
Lilian lauscht angestrengt in die Richtung hinter ihrem Boot.
„Das muss ein anderes Boot sein", sagt sie.
Und sofort ruft sie: „Hallo! Ist da wer? Hallo! Wir sind eins von den Rettungsbooten."

„Hallo!", ruft jemand zurück.
„Wir kommen zu Ihnen. Sprechen Sie weiter, damit wir Sie finden können."

Lilian und ihre Tante beginnen ein Lied zu singen. Die Kinder im Boot singen sofort mit. So ist das Boot leichter zu finden.

Einer der Schiffsoffiziere macht mit seinem Rettungsboot fest.
„Wie gut, dass Sie alle leben“, sagt er erleichtert. „Und wie ich sehe, haben Sie noch Platz in Ihrem Boot. Ich lasse die Frauen aus meinem Boot zu Ihnen umsteigen. Mit den Männern fahre ich dann zurück zur Unglücksstelle. Es sind Männer von der Mannschaft bei mir an Bord.“

„Zur Unglücksstelle?“, fragt Lilian erschrocken.
„Ist die *Titanic* …?“
Der Offizier nickt.
„Ja. Es war furchtbar, Madame. Aber vielleicht haben ja noch Menschen überlebt. Wir fahren noch einmal zurück.“

Mit größter Vorsicht werden die Frauen in das Boot von Lilian verladen. Der Offizier reicht ihnen noch eine Decke rüber und ein paar Kerzen. Und einen kleinen Kanister mit Wasser. Die Laternen braucht er selbst. Für die Suche nach Überlebenden.

„Wollen Sie hier warten, Madame?“,
fragt der Offizier.

„Nein!“, sagt die Tante.
„Wir müssen rudern. Sonst sterben wir an der Kälte. Irgendwann wird ja wohl mal ein Schiff aufkreuzen. Viel Glück für Sie!“

Als sie sich umdreht, sieht sie Lilians Gesicht im Schein der Kerze. Lilian laufen die Tränen über die Wangen. Die Tante streicht ihr übers Haar.
„John?“, fragt sie.
Lilian nickt und greift schluchzend zum Ruder.

Jetzt ist es enger in dem Boot. Aber dafür ist es auch wärmer. Eine Frau mit einem vornehmen Schleier am Hut spielt auf einer Mundharmonika. Die Kinder sollen nicht so viel Angst haben. Die Mütter schaukeln ihre Babys in ihren Armen. Manche summen die Melodie leise mit. Dieses Lied kenne ich doch, denkt Lilian. Irgend jemand hat es kürzlich erst gespielt. Aber sie hat keine Zeit, weiter nachzudenken.

„Gott, ich kann es nicht fassen!“,
ruft die Gräfin plötzlich.
„Seht doch nur! Seht nur!“,
schreit sie aufgeregt und zeigt nach vorne.
„Die schießen Leuchtraketen ab. Ein Schiff! Die suchen uns. Ich kann es nicht fassen, großer Gott! Endlich kommen sie.“

„Hoffentlich finden sie uns überhaupt",
jammert eine Frau.
„Und hoffentlich rammen sie uns nicht",
sagt eine andere.
„Wenn die uns in der Dunkelheit nicht sehen ..."

„Wir müssen was anzünden", sagt Lilian.
„Die Hüte! Geben Sie mir Ihre Hüte! Vielleicht sehen sie dann das Feuer."

Sofort reichen ihr ein paar Frauen ihre Hüte. Lilian zündet einen nach dem anderen an und schwenkt damit in der Luft herum. Das Schiff tutet.
„Es ist ein Passagierdampfer", ruft die Gräfin.
„Sie haben uns gesehen. Sie kommen näher."

Mit größter Vorsicht stoppt der Dampfer in der Nähe.
„Ich kann schon den Namen lesen", sagt die Gräfin.
„Es ist die *Carpathia*. Wir sind gerettet! Wir sind gerettet!"

Aber nun kommt eine weitere Herausforderung: Die Frauen aus dem Rettungsboot müssen irgendwie auf die *Carpathia* gelangen. Irgendwie die meterhohe Schiffswand überwinden. Irgendwie müssen sie alle zu der Luke hochkommen, an der die Mannschaft der *Carpathia* sie entgegennimmt.

Von oben wird eine Jakobsleiter heruntergelassen. Eine schwankende Strickleiter, die frei über dem Wasser hängt.
„Das kann ich nicht“, ruft eine Frau.
„Da kriegen mich keine zehn Pferde drauf.“

Aber die Frau mit dem Schleier klettert mutig auf der Leiter nach oben. Von dort oben lassen sie nun einen Bootsmann-Stuhl herunter. Ein Brett, das an Seilen befestigt ist. Wie eine Schaukel sieht das aus.
„Ich werde schon ohnmächtig, wenn ich das nur sehe“, sagt eine Frau.
„Wir können mit den Kindern doch nicht da draufsteigen“, rufen die Mütter.
„Nein. Wir lassen Säcke an Seilen runter. Die Kinder müssen in die Säcke“, ruft ein Matrose herunter.
„Anders geht es nicht. Wir können sie nur in den Säcken hochziehen. Anders ist es zu gefährlich.“

Die Mütter schreien. Sie haben Angst, ihre Kinder zu verlieren. Wenn der Sack mit dem Kind gegen die Schiffswand knallt. Oder wenn die da oben das Kind nicht richtig packen und es ins Wasser stürzt. Sie haben Angst, auch noch ihre ganze Familie zu verlieren. Frauen schreien. Weil sie nicht schwindelfrei sind. Weil sie hilflos in der Luft hängen. Über dem schwarzen Meer, über dem schwarzen Abgrund.

Lilian und die Gräfin reden beruhigend auf sie ein. Sie helfen den Frauen auf die Leitern und auf den Bootsmann-Stuhl. Sie sagen den Kindern, dass jetzt Verstecken gespielt wird. Dann helfen sie den Kindern in die Säcke und sagen:
„Kuckuck, Mama sucht dich gleich."
Und schon wird der nächste Sack nach oben gezogen. Das Weinen und Schreien nimmt kein Ende.

Immer mehr Rettungsboote der *Titanic* treffen jetzt ein. Alle haben die *Carpathia* gesehen. Alle steuern darauf zu.

Die Geretteten oben auf der *Carpathia* starren über die Reling nach unten. Voller Hoffnung. Voller Fragen: Ist da unten in den Booten der geliebte Mann? Der Bruder? Der Vater der Kinder?

„Gott, mach, dass John unter ihnen ist", betet Lilian.

Das Meer der Toten

Fassungslos sehen sie die Leichen im Meer treiben. Der Offizier steuert mit den Männern im Rettungsboot durch das Meer der Toten. An der Kälte sind sie gestorben oder jammervoll ertrunken. Frauen, Kinder, Männer. In ihren Schwimmwesten schweben sie aufrecht im Wasser. Wie verlorene Geister.

Dazwischen dümpeln Gegenstände von der *Titanic*. Stühle, Tische, Fässer, Koffer. Postsäcke, Lebensmittel, Taue. Geborstenes Holz, Metallteile. Und der Kopf einer Puppe aus Porzellan.

„Leise!“, zischt plötzlich einer im Boot.
„Ich höre da was. Sind das nicht Stimmen?“
Alle lauschen. Ja, es sind Stimmen. Leise Stimmen von Männern.

„Hallo!“, ruft der Offizier. „Hallo, hört ihr mich?“
„Hier!“, ruft jemand mit matter Stimme.
„Hier sind wir.“

Der Offizier leuchtet mit der Laterne. Und da stehen sie: 20 Männer, aufrecht, eng beieinander.
Auf einem gekenterten Rettungsboot stehen sie.
Kraftlos stützt jeder den anderen.

„Die leben!", ruft der Offizier erleichtert.
„Die haben es tatsächlich geschafft."

Vorsichtig wird ein Mann nach dem anderen in das Rettungsboot gehoben. Völlig unterkühlt werden sie in Decken gehüllt. Vor Erschöpfung können sie kaum sprechen. Sie wirken verwirrt. Reagieren kaum.

„Lasst sie erst einmal in Ruhe", sagt der Offizier.
„Die stehen unter Schock. Lasst uns zurückrudern, zu den anderen Booten! Vielleicht ist ja inzwischen Hilfe gekommen. Hier können wir nichts mehr tun. Zum Glück wird es langsam hell. Dann finden wir die anderen leichter wieder."

„Da hinten", ruft einer der Matrosen.
„Da hinten sind sie! Seht nur! Heilige Meerjungfrau! Da hinten ist ein Schiff! Ein Dampfer! Ein richtiges Schiff!"

Die Männer in den Decken starren leer vor sich hin. Wie betäubt. Nicht einmal ihre Namen können sie sagen.

An Bord der *Carpathia* steht der Schiffsarzt an der Luke. Er fragt alles genau ab: Name der geretteten Person? Reisender der ersten, zweiten oder dritten Klasse auf der *Titanic*?

Angehörige, die mit auf der *Titanic* waren? Nummer des Rettungsbootes? Und so weiter. Der Arzt trägt alle Angaben in eine Liste ein.

Die Mütter drängen zu ihren Kindern. Sie sind ungeduldig. Sie wollen jetzt keine Fragen beantworten. Lilian und die Gräfin helfen dem Schiffsarzt. Die verschleierte Dame drängt sich schnell vorbei. So wie andere auch in dem ganzen Trubel. Jeder will nach Angehörigen suchen. Lilian und ihre Tante lassen sie einfach durch. Nach den ganzen Strapazen fehlt vielen die Kraft.

Der Schiffsarzt teilt die Passagiere auf: Entweder auf die Krankenstationen oder in die Speisesäle. Wie immer getrennt nach den Klassen.

Nun sollen die letzten nach oben geholt werden. Die Männer aus dem Meer der Toten. Die letzten Überlebenden. Und die Besatzung aus dem letzten Rettungsboot.

Mein Mann!

„Beugen Sie sich nicht so weit nach vorne, Madame!“, befiehlt der Schiffsarzt Lilian. „Wollen Sie etwa noch aus der Luke stürzen? Setzen Sie sich wieder hin!“

„Wir müssen die Männer am Bootsmann-Stuhl festbinden“, ruft der Offizier von unten. „Die schaffen die Leiter nicht. Die haben überhaupt keine Kraft mehr.“

Ein Matrose der *Carpathia* lässt Seile runter.
Der erste Mann wird nach oben gezogen.
„Name?“, fragt der Schiffsarzt.
„Knut. Knut Andersson.“
„Klasse?“
„Dritte.“
„Angehörige?“

Knut kann kaum sprechen. Der Schock sitzt ihm in den Knochen. Und die Erschöpfung.
„Vater: Carl Andersson“, sagt er mit matter Stimme. „Mutter: Emilie Andersson. Geschwister: Lars, Hans und Hanna und Felix Andersson.“

Der Arzt schaut die Listen durch. Er schüttelt den Kopf. Dann schaut er noch einmal.

„Ja, doch", sagt er.
Knut zuckt zusammen. Was bedeutet dieses „Ja, doch"? Jetzt wird er es erfahren. Gerettet oder tot? Was ist aus seiner Familie geworden?

„Ihre Mutter ist hier an Bord. Die drei kleinen Geschwister auch. Hans. Hanna. Felix. Ihr Vater und Bruder Lars nicht."

Knut sieht ihn mit weit aufgerissenen Augen an. „Vielleicht sind sie von einem anderen Boot gerettet worden", sagt der Arzt.
Dann befiehlt er einem Matrosen:
„Bring ihn in die dritte Klasse!"

Der Matrose bringt Lars in den Speisesaal. Als er hereinkommt, stürzt seine Mutter mit einem Schrei auf ihn zu. Ein Schrei der Freude. Ein Schrei der Verzweiflung zugleich.

Der Schiffsarzt setzt seine Arbeit fort.
„Name?" fragt der Arzt gerade, als Lilian aufspringt.

„John!", ruft sie. „John! Mein lieber John!"
Lilian läuft auf John zu. Sie umarmt ihn, drückt ihn fest an sich. John hat es also tatsächlich geschafft, zu den Männern auf das umgekippte Boot zu kommen!

„Vorsicht, Madame!", sagt der Arzt. „Die Männer können schwer verletzt sein. Kennen Sie den Mann?"
John kann sich kaum auf den Beinen halten.
Sein Blick ist starr und stumm und leer.

„Ja, natürlich kenne ich ihn", sagt Lilian.
„Er ist mein Mann."
„Wie ist sein Name?"
„John Lacey", lügt Lilian.
Nicht einen Moment hat sie dabei gezögert.

„Bringen Sie Herrn Lacey auf die Krankenstation der ersten Klasse!", befiehlt der Schiffsarzt einem Steward.

In der Dritten

Eigentlich ist die *Carpathia* auf dem Weg ins Mittelmeer. Gibraltar. Italien. Das Land, wo die Zitronen blühen. Aber der Kapitän entscheidet, nach New York umzukehren. Dorthin, wo die *Carpathia* gestartet ist.

Keiner der Passagiere protestiert. Jeder sieht die Not der Geretteten. Jeder hat Mitleid mit ihnen. Die Passagiere der *Carpathia* stellen Kleidung zur Verfügung. Sogar ihre Kabinen. Sie helfen, wo sie nur helfen können. Auch denen stehen sie bei, die an Bord vor Schwäche doch noch sterben müssen.

Das Schiff ist übervoll. Die Kabinen sind überfüllt. Viele müssen auf Tischen oder auf dem Fußboden schlafen. Alles ist unübersichtlich. Niemand weiß, wie viele Rettungsboote von der *Titanic* abgefiert wurden. Niemand weiß, wie viele Menschen umgekommen sind. Jeder kann nur erzählen, was er gesehen hat. Und alle reden durcheinander:

„Bruce Ismay hat Frauen und Kindern in ein Rettungsboot geholfen."

„Ja, und dann ist er gleich selbst hinterhergesprungen."

„Er ist hier an Bord der *Carpathia*. Dieser Feigling! Der Schiffsarzt versteckt ihn in seiner Kabine.“

„Feigling. Was für ein Wort. Es gab doch auch andere Männer, die in die Boote gesprungen sind. Kann doch nicht jeder ein Ehrenmann sein.“

„Thomas Andrews ist jedenfalls an Bord geblieben. Erst hat er anderen geholfen. Dann saß er plötzlich da wie ein Toter. Er konnte es wohl nicht fassen, dass seine *Titanic* tatsächlich untergeht. Mit abgesoffen ist er.“

„Jemand hat Kapitän Smith im Wasser gesehen. Mit einem Kind im Arm. Beide tot.“

„Das Ausmaß der Katastrophe überschaut niemand“, sagt Lilian zu John.
Nach drei Tagen haben sie John aus der Krankenstation entlassen.
„Weißt du, wie viele Menschen gerettet wurden?“, fragt John.
„Der Schiffsarzt hat 700 Personen gezählt“, sagt Lilian.
„Von über 2200 Menschen an Bord?“, fragt John entsetzt.
Lilian nickt.
„Man hofft, dass noch andere Boote …“

Aber sie bricht ab.
„Es gab nur noch einen Frachter. Aber der kam zu spät. Der Kapitän der *Carpathia* hat ihn wieder weggeschickt. Er selbst bringt jetzt alle Geretteten nach New York."

John reibt sich den Schweiß von der Stirn.
„Hast du ...?"
Er kann nicht weiterreden.
Lilian umarmt ihn.
„Was bedrückt dich, Liebster?"
„Wil. Steht Wils Name auf der Liste?"
Lilian schweigt. Dann sagt sie leise:
„Nein, John. Wil steht nicht auf der Liste."

Die Antwort schmerzt John wie der Stich von einem Messer. Er steht auf und geht ans Fenster. Draußen sieht er das blaue Meer.
„Wie unschuldig es tut", sagt John verbittert.
„Das Meer hat keine Schuld", sagt Lilian.

„Ich muss runter", sagt John plötzlich.
„Ich muss in die Dritte. Ich muss sehen, wer dort unten ist."

Lilian will ihn zurückhalten. Es sind so viele Kinder, die fehlen. So viele Kinder, die nicht gerettet werden konnten. So viele Mütter, die verstummt sind.

John soll nicht noch einen Schock bekommen.
Aber John lässt sich nicht aufhalten.

„Mein Gott, Junge!“, ruft die alte Mrs. Doyle
und humpelt auf John zu.
„Du hast es geschafft!“
Immer wieder streicht sie John über den Kopf.
Immer wieder sagt sie: „Mein Junge! Mein Junge!“
Und immer wieder: „Wie furchtbar! Wie furchtbar
das alles ist!“

„Ist Vater Carl hier?“, fragt John.
„Und Lars und Knut und die anderen von der
Familie Andersson?“
In dem Moment klopft ihm Knut von hinten auf die
Schulter.
„Mensch, John“, sagt er. „Du bist also auch da.
Ich hatte dich nicht mehr gesehen. Du lebst.
Wenigstens auch du.“
„Und du auch“, sagt John.
„Ja, und Mutter auch und die Kleinen und das Baby“,
erwidert Knut.
„Gott sei Dank“, sagt John.
„Vater und Lars sind nicht hier“, sagt Knut.
„Wir müssen abwarten. Wer weiß ... Vielleicht ein
anderes Schiff ...“
„Ja, wer weiß“, sagt John.
„Man muss hoffen.“

Dann fragt er: „Hast du Wil gesehen? Weißt du was von ihm?"
„Psst!", macht Knut und zieht John beiseite.
„Du darfst keinem was sagen. Geh in die Kombüse! Aber rede bloß mit keinem!"

New York am Horizont

John klopft an. Jemand kommt an die Tür von der Kombüse. Es ist der Koch.
„Was gibt's?", fragt der mürrisch.
John sieht ihn an. Er zögert. Dann sagt er:
„Ich wollte mal fragen, ob hier noch jemand ist."
„Wieso?", fragt der Koch.
„Wer soll hier sonst noch sein? Ich bin hier alleine. Und ich muss jetzt weitermachen."

Gerade, als der Koch die Türe zuschlagen will, stellt jemand seinen Fuß dazwischen.
„Den kannst du reinlassen", sagt dieser Jemand.
Die Tür öffnet sich. Im selben Augenblick ruft John:
„Wil! Wil, was machst du denn hier? Du lebst! Goldgräber! Ich kann es nicht fassen."

„Mensch, Professor!", ruft Wil.
„So gerne habe ich dich noch nie gesehen. Du lebst also auch."
„Aber warum versteckst du dich hier?", fragt John.
„Und warum stehst du nicht auf der Liste vom Schiffsarzt? Lilian hat mir gesagt, dass du nicht draufstehst."

„Ach, deine süße Lilian", lacht Wil.
„Die hat nicht mal gemerkt, dass ich in ihrem

Rettungsboot saß. Schicke Dame mit Schleier am Hut, die dann auch noch Mundharmonika spielte. Die haben es echt nicht gemerkt."

„Was?", fragt John.
„Ich hab mich als Frau verkleidet", sagt Wil. „Ich hab Klamotten aus einer Kabine in der Ersten geklaut. Die meisten aus der ersten Klasse waren ja schon in den Rettungsbooten. Mit dem Schleier vorm Gesicht hat keiner was gemerkt.
Ich hatte Schiss, John. Ich hatte einfach Angst zu ersaufen. Als Mann wäre ich nie in ein Boot gekommen. Erst recht nicht als Mann aus der Dritten. Ich hätte mich melden sollen, John. Als Seemann. So wie du. Aber ich war zu feige. Und dann warst du plötzlich weg. Und beim Fieren der Boote ist die *Titanic* immer mehr nach vorne gekippt. Da war mir klar: Der Kahn geht gleich unter.
Oh, John! Ich hatte solche Todesängste. Und jetzt bin ich eben blinder Passagier. Der Koch hat mich zum Glück versteckt. Dafür schäle ich ihm Berge von Kartoffeln. Ich will nicht, dass die anderen es wissen. Ich schäme mich. Nur Knut weiß Bescheid. Und der Koch. Und jetzt du. In New York schleiche ich mich einfach von Bord.
Und du? Was ist mit dir? Treffen wir uns an Land, Professor?"

„Ich bin oben bei Lilian. Oben, in der Ersten. Sie hat dem Schiffsarzt gesagt, ich wäre ihr Mann. Ich bin also auch so eine Art blinder Passagier. Ich stehe mit falschem Namen in der Liste. Lilian wollte, dass wir zusammenbleiben können."

„Tja", sagt Wil, „meinen Anzug kann ich dir natürlich nicht mehr leihen."
„Das spielt jetzt keine Rolle mehr", sagt John.
„Es hat ja keiner seine Koffer mitgenommen. Kommst du mit nach oben? Dann hat Lilian was zu lachen. Die Dame mit dem Schleier ... Wenn du ihr das erzählst ..."

„Nee, lass mal", antwortet Wil.
„Ich schäle lieber Kartoffeln. Erde an den Händen. Das brauche ich jetzt. Und so schnell wie möglich wieder festen Boden unter den Füßen."

„Den haben wir bald", sagt John.
„Und als Erstes gehen wir in einen Pub", strahlt Wil.
„In einen Irish Pub, John!"
„Okay, Goldgräber. Das machen wir."
„Und wir trinken ein riesiges dunkles irisches Bier."
„Wird gemacht. Und dann fährst zu deiner Schwester, Wil."
„Und du gehst mit deiner Lilian zum Verleger, John. Und wirst ein großer Dichter."

„Und du wirst goldenes Getreide ernten, Wil."
„Und du wirst Lilian heiraten", sagt Wil.
„Lässt sich vielleicht machen", sagt John und grinst.
„Ich müsste sie noch fragen. Und mich selbst auch."
„Und dann schreibst du dein erstes Buch", sagt Wil.

„Mensch, Wil!", ruft John plötzlich.
„Schau mal aus dem Bullauge! Siehst du das?
Wil, siehst du das? Das ist New York am Horizont!
Wir sind da, Wil! Wir sind da!
Wir haben es geschafft!"

Narben – zehn Jahre später

Aus Johns Tagebuch:

Lilian bekommt oft Dankesbriefe. Von all den Menschen, denen sie geholfen hat.

Die alte Mrs. Doyle schreibt mir regelmäßig. Sie lebt noch immer, und sie ist glücklich mit ihrer Familie. Jedes Jahr schickt Mrs. Doyle mir selbst gestrickte Socken. Und sie schreibt, dass sie jeden Tag für mich betet.

Knut Andersson hat mir geschrieben, dass sein Bruder Lars und Vater Carl nicht gefunden wurden. Und dass seine Mutter kein Wort über die Katastrophe spricht. Sie kann es einfach nicht. *Meine Mutter ist stumm geworden, was das angeht*, schreibt Knut.

Viele Überlebende können nicht über das Erlebte sprechen. Manche verheimlichen sogar vor Nachbarn und Bekannten, dass sie damals mit auf der *Titanic* waren. Als könnte das Schweigen alles rückgängig machen.

Viele Überlebende fühlen sich schuldig. Weil sie selbst überlebt haben und andere sterben mussten.

Vielleicht sogar ihre eigenen Kinder. Andere Überlebende sind körperlich oder seelisch krank geworden. Weil sie die Angstschreie und die Toten im Wasser nicht vergessen konnten. Weil sie den Verlust ihrer Liebsten nicht verkraftet haben. Manche haben sich deshalb auch das Leben genommen.

Lilian und ich hatten es leichter. Weil wir in dem ganzen Chaos damals etwas tun konnten. Weil wir anderen helfen konnten. Weil mutiges Handeln die Angst verscheucht. Wenigstens eine Zeit lang.

1500 Menschen starben beim Untergang der *Titanic*. Die meisten von ihnen waren aus der dritten Klasse. Bis zum Schluss spielte die Kapelle, um die Menschen zu beruhigen. Walzer und kirchliche Lieder spielten sie. Alle Musiker kamen ums Leben. Aber bis zum Schluss haben sie das gegeben, was sie für andere noch tun konnten. Sie waren wie ein Fels in der Brandung.

Auch Lilian war einfach wunderbar. Und ihre Tante war stark wie eine Löwin.

Auch die Leute von der Besatzung haben mutig geholfen. Nicht alle, aber viele von ihnen. So wie der Offizier, der noch einmal zum Wrack zurückgerudert war. Sein eigenes Leben hatte er dabei riskiert.

Ohne ihn hätten wir Männer auf dem umgekippten Boot nicht überlebt. Für uns war er der rettende Engel und ein Held.

Vergessen werden wir den Alptraum nie. Aber die Wunden sind bei uns zu Narben verheilt. Die Erinnerung ist erträglicher geworden. Viele andere sind an dem Unglück zerbrochen. Auch Bruce Ismay, der Direktor der Schifffahrts-Linie. Feigling wurde er überall genannt, in den Zeitungen, auf der Straße, überall.

Er ist vor all dem geflohen. Aus dem öffentlichen Leben hat er sich zurückgezogen. Und er lebt jetzt einsam, irgendwo. Aber er war doch auch nur ein Mensch mit Angst. So wie Wil, mein Freund.

Wil und ich sind bis heute Freunde geblieben. Lilian und ich leben in New York. Fast zehn Jahre sind wir jetzt schon verheiratet. Glücklich verheiratet. Wil war unser Trauzeuge. Mit einem nagelneuen Anzug war er zur Hochzeit gekommen.

Er hat inzwischen eine eigene Farm in Kalifornien. Und es ist unglaublich, aber wahr: Auf seinem Grundstück hat er Gold gefunden. In einem Fluss, der durch seine Felder fließt. Wil hat es geschafft!
Und reich ist er außerdem.

Aber trotzdem arbeitet er weiter als Farmer. Er liebt die Erde unter seinen Füßen.

Wil hat eine Stiftung gegründet. Eine Stiftung für Familien, die bei dem Untergang alles verloren haben. Sein Geld soll ihnen helfen, ein neues Leben aufzubauen.
„Ich bin es ihnen schuldig", sagt Wil immer wieder.

Über 300 Männer waren unter den Geretteten. Einer davon war Wil. Aber über 100 Frauen und über 50 Kinder mussten jämmerlich ertrinken.

Wil hat Lilian gefragt, ob sie die Stiftung leiten will. Und Lilian hat sofort zugesagt. Ihre Tante sammelt seitdem Geld bei ihren reichen Bekannten. Wer nichts gibt, den lädt sie nicht mehr zum Tee ein. Weil jeder die Gräfin verehrt, ist eine stolze Summe für Wils Stiftung zusammengekommen.

„Ich konnte damals nicht helfen", sagt Wil.
„Ich hatte nur Schiss. Ich hatte nur Angst. Ich war nichts als Angst. Aber heute, da will ich es wiedergutmachen."

Schuld

Ich selbst schreibe inzwischen Bücher. Nach meinem Studium habe ich sofort einen Vertrag bekommen.

Aber seit dem Unglück schreibe ich keine Gedichte mehr. Ich schreibe Bücher über das echte Leben. Gestern erst habe ich einen neuen Auftrag vom Verlag bekommen: Ein Buch über die *Titanic* soll ich schreiben. Ein Buch über die Katastrophe. Und darüber, wer die Schuld daran trägt.

Ist es Kapitän Smith, weil er trotz Eisberg-Warnung zu schnell gefahren war? Ist es Bruce Ismay, der den Kapitän dazu gedrängt haben soll? Hat der Architekt Andrews Fehler bei den Einbauten übersehen?

Warum schlossen die Schotten nicht dicht? Hat die *White Star Line* ein Feuer an Bord der *Titanic* vor der Jungfernfahrt verheimlicht? War die Schiffswand dadurch schon vor dem Unfall nicht mehr stabil genug? Wer hatte die Mannschaft nicht auf Notfälle vorbereitet? Warum hatte die Besatzung kein richtiges Werkzeug, um die Boote schnell abzufieren? Wer hatte den Matrosen im Ausguck keine Ferngläser gegeben?

Warum waren die Ferngläser in einem Schrank eingeschlossen? Wer hat nicht nachgesehen, ob noch Frauen und Kinder in der dritten Klasse waren? Es waren doch noch viele Italienerinnen mit ihren Kindern dort. Sie konnten kein Englisch, hatten nichts verstanden. Warum hat man die Notrufe nicht übersetzt?

Wer war dafür verantwortlich? Hatten die Gesetzgeber schuld mit ihren Vorschriften für so wenig Rettungsboote?

Oder liegt die Schuld ganz woanders? Starben so viele Menschen aus der dritten Klasse, weil die Reichen als wichtigere Menschen angesehen wurden? War die Gier nach Triumph, nach Rekorden und Geld wichtiger als die Sicherheit der Passagiere?

Ich stehe vor vielen Fragen für mein Buch. Nach zehn Jahren fehlen uns immer noch die Antworten. Und vielleicht bleibt alles im Dunklen. Für immer.

So wie das Wrack der *Titanic* in der Tiefe des Ozeans.

Wörterliste

Seite 7: J. Bruce Ismay (1862–1937)
Sohn des Gründers der Schifffahrts-Linie *White Star Line*, Thomas Ismay. Nach dem Tod des Vaters wird Bruce Ismay Direktor der Reederei. Er nimmt an der ersten Fahrt der *Titanic* teil. Er überlebt den Untergang, obwohl Männer nicht vor Frauen und Kindern in die Rettungsboote durften. Sein Ruf ist dadurch lebenslang belastet. Er gilt in der damaligen Öffentlichkeit als Feigling. Andere betonen, dass er Frauen und Kindern auch in die Boote geholfen hat. Angehörige kämpfen bis heute um ein besseres Ansehen von Bruce Ismay.

Seite 7: Reederei
Unternehmen, das mit eigenen oder angemieteten Schiffen Personen oder Güter transportiert

Seite 7: *White Star Line*
Englische Reederei, die den Bau der *Titanic* in Auftrag gegeben hatte. Das Schiff wurde auf der Werft *Harland & Wolff* im nordirischen Belfast gebaut. Dort entstanden auch die Schwesterschiffe der *Titanic*, die *Britannic* und die *Olympic*.

Seite 8: Southampton
Hafenstadt im Süden von England

Seite 8: Jungfernfahrt
die erste Fahrt, die ein neu gebautes Schiff unternimmt

Seite 8: Atlantik
auch: Atlantischer Ozean; zweitgrößtes Meer der Welt; liegt zwischen Amerika, Grönland, Europa und Afrika

Seite 9: Klasse/ Klassengesellschaft
Die Gesellschaft wurde in zwei Grundklassen eingeteilt: zum einen die Arbeiterklasse, die ihre Arbeitskraft verkaufen musste. Dazu gehörten auch die Landarbeiter, die kein eigenes Land besaßen. Die andere Klasse waren diejenigen, die das Kapital besaßen: Geld, Fabriken, Ländereien. Im öffentlichen Leben wurden diese Klassen voneinander getrennt: in Zügen, auf Schiffen oder in Restaurants. Die Reichen fuhren in der ersten, die Arbeiter in der dritten Klasse. In der zweiten Klasse der *Titanic* reisten Beamte, Angestellte oder Künstler mit. Sie gehörten weder zu den Reichen noch zu den Arbeitern. Manche Bereiche auf dem Schiff nutzten Passagiere der ersten und zweiten Klasse gemeinsam.

Seite 9: Ruhestand
Am Ende des Arbeitslebens folgt der Ruhestand, auch Rentenzeit genannt.

Seite 10: Kabine
Raum zum Wohnen und Schlafen auf einem Schiff

Seite 10: à la carte
freie Auswahl von Speisen aus einer Speisekarte

Seite 11: Heizer
Die *Titanic* wurde als Dampfer mit Kohlen beheizt und dadurch angetrieben. Die Heizer füllten in Schwerstarbeit die Kohlen in die Öfen. Die Öfen standen im untersten Schiffsbereich.

Seite 11: Steward/Stewardess
Mitarbeiter, der die Passagiere an Bord berät und betreut; Frauen heißen in dem Beruf Stewardessen.

Seite 11: Offizier
Bezeichnung für Mitarbeiter an Bord mit unterschiedlichen Dienstgraden und Aufgaben; der 1. Offizier ist der Vertreter des Kapitäns und sein fachlicher Berater. Er ist der ranghöchste Offizier an Bord. Auch leitende Ingenieure an Bord heißen Offizier.

Seite 11: Thomas Andrews (1873–1912)
Schiffskonstrukteur. Architekt der *Titanic*. Mit 39 Jahren ist er beim Untergang der *Titanic* umgekommen.

Seite 12: Promenadendeck
Außenbereich, auf dem man spazieren (promenieren) kann

Seite 14: Taufe/ Schiffstaufe
Neu gebaute Schiffe erhalten bei einem festlichen Akt ihren Namen. Am Ende einer feierlichen Rede wird dann eine Flasche Sekt an einem Seil gegen das Schiff geschmettert. Eine Schiffstaufe soll das Schiff vor Unglück bewahren.

Seite 14: Aberglaube
Glaube an Zusammenhänge, die nicht nachweisbar sind. So soll Freitag der 13. ein Unglückstag sein. Der Glaube daran ist ein Aberglaube.

Seite 16: no
englisch: nein

Seite 17: Schwarzmarkt
Besonders in Notzeiten gibt es heimliche Märkte, auf denen mit verbotenen, seltenen oder gestohlenen Waren gehandelt wird. Auf Schwarzmärkten werden häufig Zigaretten, Waffen, Schmuck oder Kunstwerke gehandelt. Es gibt auch Schwarzmärkte für Arbeitskräfte, die nicht gemeldet sind und keine Steuern zahlen. Das ist in Deutschland verboten und strafbar.

Seite 18: Farmer
Englisch: Bauer/ Landwirt. Große Höfe mit Landwirtschaft und Tieren heißen auf Englisch Farm.

Seite 21: Seesack
Gepäckstück der Seeleute in Form eines großen Sackes

Seite 23: Massachusetts
Bundesstaat an der Ostküste der USA

Seite 23: armer Schlucker
armer Mensch

Seite 28: Dinner
englisch: Abendessen

Seite 29: Guinness
irische Biersorte und Biermarke

Seite 29: lallen
undeutlich sprechen nach zu viel Alkohol

Seite 29: abhaken
Alltagssprache: Daraus wird nichts.

Seite 30: knutschen
Alltagssprache: küssen

Seite 31: Brilli
Alltagssprache: Brilliant; wertvoller Edelstein

Seite 32: Smoking
Vornehmer Anzug aus wertvollem Stoff mit Jackenkragen aus glänzendem Stoff. Zum Smoking wird eine Fliege statt einer Krawatte getragen.

Seite 34: yes
englisch: ja

Seite 35: Verleger
Inhaber von einem Buch- oder Zeitungsverlag

Seite 37: Telegramm
Eine Nachricht wurde telefonisch diktiert, über eine Poststelle ausgedruckt und als Schnellbrief an den Adressaten geleitet. Ein Telegramm war die schnellste Technik, um eine Nachricht zu übermitteln. Das Telegramm wurde ab 2022 in Deutschland als Kommunikationsmittel eingestellt. Es wurde zu wenig genutzt.

Seite 39: *Atlantic*
Passagierschiff und Postschiff der *White Star Line* von 1871–1873. Auf der Überfahrt nach New York im April 1873 musste die Route geändert werden, weil die Kohlen für den Antrieb der Maschinen nicht

ausreichten. Dabei stieß das Schiff auf einen Felsen unter Wasser und kenterte. Hunderte Menschen kamen dabei ums Leben, darunter viele Frauen und Kinder. Nur ein einziges von allen Kindern an Bord überlebte das Unglück.

Seite 39: über Bord gehen
von einem Boot oder Schiff ins Wasser fallen

Seite 42: Steuerbord
rechte Seite eines Schiffes in Fahrtrichtung gesehen

Seite 45: Acqua
italienisch: Wasser

Seite 45: Woda
polnisch: Wasser

Seite 50: Schlagseite
Ein Schiff neigt sich gefährlich in eine Richtung und kann nicht in die normale Lage zurück.

Seite 56: Backboard
linke Seite eines Schiffes in Fahrtrichtung gesehen

Seite 58: abfieren
etwas an einem Tau herunterlassen; ein Boot nach unten ins Wasser lassen

Seite 60: Aye,aye!
Seemanns-Sprache: Jawohl, zu Befehl!

Seite 62: Bug
vorderer Teil eines Schiffes

Seite 62: Heck
hinterer Teil eines Schiffes

Seite 68: *Carpathia*
Passagierdampfer auf der Mittelmeer-Route von New York nach Triest (Italien); erhält am 15. April 1912 gegen 0:30 Uhr über Funk Notsignale der *Titanic*; nimmt gegen 4 Uhr morgens die ersten Überlebenden aus den Rettungsbooten auf; läuft am Abend des 18. April 1912 mit etwas über 700 Geretteten im Hafen von New York ein.

Seite 68: Luk/ Luke
Öffnung in der Schiffswand; Einstieg ins Schiff

Seite 78: Ehrenmann
jemand, der sich auch unter schwierigen Umständen höflich und hilfsbereit gegenüber Schwächeren verhält

Seite 81: Kombüse
Küche auf einem Schiff

Seite 83: blinder Passagier
Person, die versteckt auf einem Schiff mitfährt

Seite 84: Pub
englisch: Kneipe; Bar

Seite 85: Bullauge
rundes Fenster auf Schiffen

Seite 89: Stiftung
ein Verein oder eine Einrichtung, die Geld für gute Zwecke sammelt und zur Verfügung stellt

Literatur-Hinweis

Folgende Bücher haben wichtige Anregungen für diesen Roman gegeben:

Lord, Walter (1998): *Die letzte Nacht der Titanic.* Kaiser-Verlag, Klagenfurt

Störmer, Susanne (2019): *Von Acht bis Acht. Zwölf Stunden im Leben von Titanic-Passagieren.* Books on Demand, Norderstedt

Für die Recherche wurden zahlreiche Websites genutzt, insbesondere:
https://www.encyclopedia-titanica.org/

Über die Autorin

Marion Döbert schreibt seit 2013 für den Spaß am Lesen Verlag. Sie übersetzt Klassiker in Einfache Sprache wie Kafka, Böll, Storm oder Lenz. Daneben schreibt sie bekannte Kinofilme um in Bücher in Einfacher Sprache. Sie schreibt außerdem eine Vielzahl eigener Romane und Kurzgeschichten in Einfacher Sprache.